街头碎弦

范烟桥 —— 著
王稼句 —— 整理

目　次

整理弁言

街头碎弦

卖　花　\ 9

卖　唱　\ 14

宵　夜　\ 19

卖　冰　\ 23

盂兰胜会　\ 27

卖白果 \ 31

洋澄湖大蟹 \ 35

夜　报 \ 39

向导社 \ 43

无线电播音 \ 47

书　摊 \ 51

月份牌 \ 56

涮羊肉 \ 60

收　账 \ 64

接财神 \ 68

卖　灯 \ 73

卖金鱼 \ 78

上龙华去 \ 82

浴佛节 \ 86

早点心 \ 90

端午节 \ 95

苏广成衣铺 \ 100

电车广告 \ 105

荐头店 \ 110

小皮匠 \ 114

目次

海上游尘

海上游尘 \ 121

渐渐的冷落了 \ 124

里的公园 \ 128

观前街上的上海人 \ 132

上海的旧 \ 135

内地的上海化 \ 139

恢复洋泾浜 \ 142

大而无当 \ 144

内地人对于上海的观感 \ 146

对于上海人的怀疑 \ 152

广告中的上海 \ 155

海天一瞥 \ 158

沪西沪北之壮游 \ 161

天堂欤地狱欤 \ 167

徽州馆与广东馆 \ 169

北窗下 \ 171

上海行 \ 176

晨曦与夜色 \ 179

虹口两月记 \ 181

吴淞江与苏州河 \ 184

上海是什么 \ 186

雾上海 \ 188

雨中新景 \ 189

整理弁言

整理弁言

范烟桥先生，江苏吴江人，世居同里，一八九四年生，名镛，字味韶，别署含凉、鸱夷、西灶、乔木、愁城侠客等。早年入同川公学，师从金天羽。一九一一年就读郡城草桥的苏州公立第一中学堂，与顾颉刚、叶圣陶、吴湖帆、陈子清、江红蕉、蒋吟秋、郑逸梅等同学。苏州光复，停课返乡，与里中少年结同南社，编印《同南》。民初就读杭州之江学堂、南京民国大学，皆未及半载而辍学。在乡间执教期间，受包天笑奖掖，在《时报》副刊《馀兴》发表小品和弹词。一九二二年移家苏州温家岸，渐与苏沪文人交接，作品散见于《小说丛报》、《小说世界》、《紫罗兰》、《快活》、《星期》、《红玫瑰》、《家庭》、《红》等杂志。与赵眠云编小型周报《星》，发起组织星社，初仅九人，后发展至一百馀人，又主编《小日报》、《珊瑚》半月刊、《新吴江》等。一九三六年后任明星影片公司文书科长、金星影片公司文书、正养中学校长、东吴大学附中教员等。二十世纪五十年代先后出任苏州市文联副主席、苏州市文化局局长、江苏省文联副主席、苏州市文管会副主任等职。一九六七年三月三十一日病逝于苏州，年七十四岁。

范烟桥著作繁富,主要作品有长篇小说《孤掌惊鸿记》、《花草苏州》,短篇小说集《花蕊夫人》,弹词《家室飘摇记》、《太平天国》,小品集《烟丝集》、《茶烟歇》,专著《中国小说史》、《民国旧派小说史略》、《作诗门径》、《书信写作法》,电影《乱世英雄》、《西厢记》、《秦淮世家》、《三笑》、《无花果》、《花解语》、《长相思》,由他填词的插曲《拷红》、《花好月圆》、《夜上海》等,经剧中主角周璇演唱后,风靡一时,且传唱至今。范烟桥的文学成就是多方面的,就以散文小品来说,写作始于民初,行文由浅近文言而"雨夹雪"而流畅白话,经历了半个多世纪。所作题材广阔,贴近日常生活,由于旧学根柢深厚,气格醇雅近古,独具风采。

本书分两辑,上辑"街头碎弦",乃作者在上海机制国货工厂联合会(简称"机联会")半月刊《机联会刊》上开辟的专栏,连载于一九三六年六月十五日第一百四十五期至一九三七年八月一日第一百七十二期,凡二十五篇,每篇有陶忠澄插图两幅。下辑"海上游尘",选自《新上海》、《万象》等报刊,凡二十三篇。两辑内容都有关上海的社会生活、民生百态,故结集以飨读者。

  此次整理,在保持语言时代特色的前提下,对部分代词、助词和标点符号的使用做了规范化处理。

王稼句

二〇二四年三月五日

街头碎弦

卖 花

"好一朵茉莉花,好一朵茉莉花,花开要是花谢,许多人也比不上他。我要是有心,我要折一朵儿戴,又怕人家骂。……"

——北方杂曲《打花鼓》

"华!"在清晨的沪西,那些花佣挑了一担花,在叫卖。他们不像苏州的卖花女郎般喊出许多名色来,只是简单地干脆地喊出一个"华"字来。这"华"字有馀音摇曳着,大概有两三个音阶的高低,假使没有听惯,准要当他是喊着"嗄"!

为什么都在沪西逗留着?这是无须解释的,为了沪西是住宅区,住在那里的很多生活优裕的,要花来点缀,增加他们的兴味。就是住在亭子间里的,也有著作家、艺术家。他们无论给生活压迫到怎样地步,他们的审美观念是不会消逝的,他们的眼皮供养是不可或缺的,所以他们时常省下了大饼油条钱,去买花来插在胆瓶里,对着他作会心的苦笑的。

花的种类以舶来居多,取其烂熳恣肆,和中国花的矜恃大异其趣,并且都是草本,种也容易,开也容易,价钱自然便宜。但是这些花,大概有色无香,只能眼前欣赏,不能鼻底享受的,并且不经久,三四天就见凋谢。这和外国女子一到了中年,连徐娘风韵都没有一样。

他们挑到街上,时常停歇在立体建筑前,仰起了脖子,放高了声音喊着"华"!意思是要唤起三层楼

卖　花

四层楼上的主顾。往往有老主顾听见了,披起睡衣,拭着惺忪的倦眼,拉开轻艳的窗帘,推开玻璃窗,向满担的花,行一个初相见礼,看的中意了,下楼来拣几打去。

这诗情画意的花交易,也带着洋泾浜风味,把花束成一把,以一打为一个单位。他们的讨价,也是几毛钱一打,自然是比苏州人"杀半价"的虚头还大。假使到了午牌时分,更卖得迁就些。

在小菜场里的卖花,不是整担的,多数是捧在手里的,像摩登人物在码头上欢迎什么要人似的站立着。有的放在筊篮里,这倒有点"苏味道"了。

不过十足的"苏味道",还得到小花园一带去寻。那里的卖花人,总是属于女性的多,年纪老小不等,模样村俏不等,她们所卖的都是挂花和戴花。虽然名色不多,却喊得悠悠扬扬地,"啊要白兰花,茉莉花,代代花"?偶然走过,便有一缕甜香和清香,从潮润的白布底下慢慢地透出来,向人撩着。我们可以联想到这花朵给娘儿们买了去,偎依在雪肤玉貌之间,何等香艳!到了晚上,雪亮的包车在弄堂里滑溜出来,人儿未见,那花儿已把香味儿扑向人来,做了她们的

开路先锋。这香味儿又搅杂了别种的味儿,"氤氲使者"正是绝好的浑号。倘然化学家把它分析起来,这里面有香水味、粉味、胭脂味、人体味、衣味、汗味,把真正的花味,黏成一片,扭作一团,这是花的幸运呢,还是晦气?也说不出来了。卖花人也不管这门事了。

卖　花

我想把花卖给新嫁娘,是最得意的事了,钱也可以多得些。她们把许多的花扎成颤巍巍香喷喷的一座,捧了去,在婚礼进行曲的节奏里,参与终身大事的盛典,真是不胜荣幸之至。但是过了洞房花烛夜,撒在妆台边,花儿有知,如何感喟!

卖花人辛苦了好久,买花人高兴了片刻,花开花谢,却为何来?

（《机联会刊》1936年第145期）

卖 唱

"羞答答,出门来,将头低下。止不住,泪珠儿,点点如麻。奴好比,未开花,风吹雨晒。儿的乳娘,风吹雨晒,缺少个绿荫儿遮盖奴家。"

——梆子《捡柴》

卖唱由来已久,并且全世界各色人等都有,这和以技能换钱是没有二致的,所以我们应当尊重他们的神圣的职业。

但是卖唱也有十分悬殊的等级,像名角儿的卖唱,大家都奉为高等艺员,甚至称为大王,他们的生活,也就大为舒服,比国家的特任职人员还华贵些。至于最低的一流,唱了一天,所得的钱,说不定不够一人的糊口呢。

我们在四马路,或是大世界附近的许多菜馆里,常见女孩儿颊上涂了些胭脂,走到我们的桌儿边,展开她手里的已经破烂的折子,很柔媚地说:"阿要唱一只?""唱一只罢?"要等到我们声色俱厉地还绝她三四

卖　唱

遍，她才拖着失望的苦闷的步子，走到别一个桌儿边去。我们倘然不甚词严义正地对她，她准会老是不去的。可是谁都不愿意花两毛钱来欣赏她的歌唱的，因此她在一个黄昏里，能够卖到几毛钱？能不能回去安慰她的抚养者？是很使人怀疑的。

以前是专唱京调的，现在连流行的《毛毛雨》、《妹妹我爱你》之类，也会唱了。论她们的年纪，小的大约只有十多岁，大的也不过二十多岁罢，在诗人看

去,分明是豆蔻年华,说得摩登些,正在黄金时代,然而她们的遭际如此,将来如何归宿,想想也大大可怜呢。

"卖嘴不卖身!"这是卖唱们的帮口里一句挺硬黄的标榜,可以卑视一切卖艺而兼卖身的人。所谓"见金夫,不有躬",她们是不屑做的。因此她们给生活驱着出门,给生活迫着还家,清清白白地,可算得"仰不愧于天,俯不怍于人"。

可是和她们生涯相似,而目的完全不同的"群花会唱",就不对啦,她们是把唱做钓鱼的饵,仿佛是一种诱惑,仿佛是虫鸟引致异性的鸣声,对于卖嘴不卖身的话不敢说得怎样响了,虽然中间也有许多是称为小先生的,实际上就有点名不副实。所以我倒以为前者较后者来得光明,来得圣洁。可是后者瞧不起前者的,以为她们是卖唱者,其实后者何尝不是卖唱呢。

等而下之,还有走旅馆的,大概以老枪居多,我们在转展反侧,一时走不入梦境的时候,听到了凄楚的胡琴或是月琴的弹动,恨不得把他们赶开去,我想像这些哑喉咙唱出来的歌曲,哪里还动听,谁高兴花这些冤枉钱呢?

卖　唱

　　《水浒》上逼着鲁智深上梁山的,不就是卖唱的女子么?鲁智深只为了一点佛心——恻隐之心,就惹下了是非,鲁智深岂是懂得歌唱艺术的人!所以与其说是"音响效果",不如说是"苦闷的共鸣"。我们在见到这些卖唱之流,常有这种不相干的思潮涌起来的,其如爱莫能助何?

　　在大热天,她们不能坐在汽车里兜风,不能坐在电扇边纳凉,挨着饥饿上菜馆去,见人家拥着满桌儿

的菜肴,很乐意的吃喝,几乎要垂下涎来,想人们省下一斤花雕钱,给她们去解决明天的三餐,而人们报以白眼,报以恶声,怎么不是人类的残忍呢?

(《机联会刊》1936年第147期)

宵 夜

"夜如何其未央，听街头叫卖，打动了辘辘饥肠。争奈阮囊羞涩，和他一样彷徨。"

弄堂里到了深夜，万籁俱寂，只有一样叫卖的声音，冲破了岑寂："五香茶叶蛋！脂油夹沙粽子！火腿粽子！白糖莲心粥！"叫卖者总是一个苍老的有枪阶级中人，他饱受了夜凉，耐着饥饿，因此发出的声音是非常沉着、浑浊，而意味是非常凄厉的。

倘然弄堂里鸽子笼里住着惯过夜生活的，袋子里还存着几个辅币，准会推开了小窗子喊住他，作成他一点小交易的。

倘然那些飘泊者正愁着明天的三餐，无所取给，虽然听见了叫卖，只好在枕上细味那五香茶叶蛋等等的幻空的甘美，或者竟憎恶他凄厉的声音，来搅乱了甜蜜之梦，希望他快一点离开。

从内地来的旅人，白天忙了十几小时，到了晚上，总得求一个酣睡。可是那些旅馆的门口，常有这种叫

卖者来叫卖的，并且他们似乎对于旅人的热望，更大于弄堂里的"鸽子人"，所以时常继续不断地，喊着十几分钟而不去的，怎么不使旅人憎恶呢。

其实，这东西正合着广东人所称的"宵夜"，它才是平民化的宵夜。可是广东店的宵夜，大不相同了：在冬天，用火锅，虽非大烹，却已所费不赀，就是最低限度一碗鸭粥，或是叉烧粥，也比白糖莲心粥，贵上几倍呢。

现在的广东吃食店，大都用女侍了，是专为茶点

宵 夜

时期而设的,所以有人称她们为"茶花女"。我想将来准会推行到各饮食肆的,在夜深沉里,惺忪倦眼,睨着茶花女,兴会也得高起来,这"宵夜"就吃得格外有味了。

都市愈繁荣,夜生活愈开展,是成正比例的。上海地方,过夜生活的,恐怕不少于日生活罢,也有夜以继日的,这些人在夜间当然要肚子饿的,吃些什么呢?有几家饮食肆是日夜营业的,他们大概把饮食品

分成两种,夜间的饮食品比较的总是轻松一点。所以我们走到一个都市里,只消看饮食肆的营业,夜间到何时为止,便可以估定这都市里夜生活的程度如何了。

在内地的饮食肆,大概不做夜市的,到了九十点钟总要收拾了,于是便有一种"粥店"应运而生。粥店的原始是极微小的,不过在人行道上或是桥头巷口,摆一张板台,放几条长凳,煮些稀薄的粥,和几盆咸菜、黄豆、萝卜干作菜蔬,价钱是很便宜的,花不到十个铜子,就可以鼓腹而嬉了。后来生意好,需求程度加高,便升格为粥店。这些粥店并不专卖夜粥,实在兼做各种点心的。

某年,我在无锡,常于夜深和已故的宋痴萍先生到崇安寺前阿福的粥店里去吃东西的。他胖得真和无锡泥模——大阿福——相似,可称名副其实。他的烹调手段和生意经络都不差,所以隔了三年,重临旧地,模样儿更见发展了。当时这种粥店还不多,所以容易顺利。

我以为"宵"、"夜"两字意义相同,何不把"宵"字改为"消"字,不是更通些么?

(《机联会刊》1936年第148期)

卖　冰

"热得里格来，知了喳喳叫，树头顶不动半分毫，长子摇勒摇，矮子双脚跳，痨病鬼要望井里跑，娘姨大姐弗敢街上骚……"

——节《山歌》

冷食是夏令所必需的，因此冰便和炭煤一般的为人所乐用，为了便利和价廉，冰比炭煤的销路更大。上海是什么都考究的，所以另外有一种机器冰——一称人造冰——当然是合于卫生原则的，然而天然冰还是在流行着，尽管市政府和租界工部局警告人民勿吃天然冰，那贪便宜的朋友，还是置若罔闻的。这和冬天烧煤球关密了门窗一样的可怜的常识缺乏。

卖冰的，大都是十一二岁的小孩子。他们把天然冰放在蒲包里，湿淋淋地拖在背上，尽拣着太阳直射到地面的百度左右的热流里，飞也似的向街上叫卖，因为跑得慢，冰是会溶化的。叫卖的字眼很简单，只"凉阴噢——卖冰噢！"很清越地送到热得几乎喘不过

气的人们的耳里,怎么不跃跃欲试呢。好在两三个铜元,就可以买一碗,他们是直截痛快地放在嘴里大嚼的,他们但求片时的凉快,哪里还顾到它的不洁。

但是吃了以后,难保不发生假性霍乱,患者竟至牺牲了性命,也说不定。

那些小孩子,也煞是可愍,他们为了想赚几个钱买大饼吃,所以不怕热地狂奔在热流里,有时还带了一个伙伴,是助着他做生意的。因为生意好的当儿,竟应接不暇,一壁收钱,一壁敲冰,一个子实在忙不

卖　冰

过来，于是他的伙伴，拿了一个小榔头，估量了钱的多少，向整块的冰敲一部分下来，那喜欢争多论少的，时常讨饶头，小榔头更少不得了。

汗尽着淌，不肯在荫道上纳一下凉；口尽着渴，不肯把自己蒲包里的冰敲一块来嚼嚼。为了冰是容易溶化的，溶化了冰，就是消失了钱，这里没有王祥，只好急奔前程，所以瞧他们是匆迫得无以复加的，比夜报上市更见得紧张。

倘然天气热一点，他们一天所得到的，或者不止可以吃大饼。他们的父母，也许也得到一点甘旨之奉。所以从公众卫生说，这是必须取缔的，从平民生活说，却有点不忍罢。

"公子调冰，佳人雪藕"，是何等艳丽的事？不知道古人的调冰，是否像现在的吃刨冰般，在旋转不息的电扇下，用银光的小匙儿，一壁搅动着玻璃杯里的冰花，一壁用蜡纸管儿诗意地吸着？我想物质的享受，古人一定不及今人的。

走进了这些一九三六年型的饮冰室，没有吃到冰，已像坐对雪山图，心灵上早得了凉意。坐了下来，谁也不想立起来了，无可奈何，惠了钞，走出门来，顿时觉

得热烘烘地,换了一个世界,恨不得镇天挨在那里。

  雪衣娘满堆着笑脸,向你低声问"要什么"时,你的热气恐怕早已消逝了。这光景,比坐在井般大的庭心里嚼着天然冰,有怎样的差别?但是有钱买冰嚼,还比卖冰给人嚼的高一筹呢。

(《机联会刊》1936 年第 149 期)

盂兰胜会

"一心召请黄歇浦边，芦子城外，他乡作客，异国羁人，既为衣食所驱，复别妻孥而去，嫖赌吃着，阔绰于生前，棺椁衣衾，凄凉于身后，如是一切旅魂客鬼，来领甘露味。"

夏秋之间，是游手好闲的活动期，吃过雷斋素，就得预备做盂兰胜会。这盂兰胜会，不仅是上海所特有，内地像苏杭一带，也是风行的，他们称为"放焰口"。"放焰口"在平时丧家也有的，在鬼学上讲起来，也算是一种慈善事业，和人们在冬天施粥施衣，是一样的。不过放焰口还是便宜了活人，那死人只得到几件"冥衣"，化为一缕青烟，冷馒头也喂了狗了。那么这个盂兰胜会，与其说是救鬼的饥荒，不如说救游手好闲的饥荒。

为什么我不说救和尚的饥荒，而责备游手好闲呢？因为六月底，七月初，那些游手便三五成群，拿了一本黄簿子，挨门擦户地"写疏钱"，为了所费无

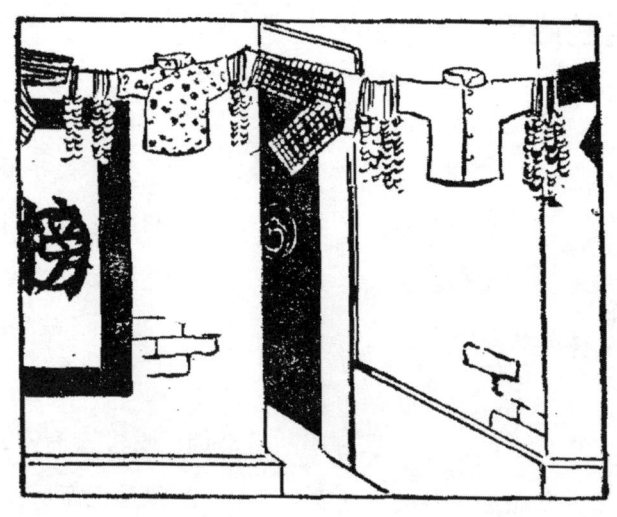

多,所望甚奢,谁也不吝啬的。他们积少成多,为数倒也可观,除掉一切开支以外,便按成朋分,那贴在弄堂口的一篇糊涂账,从来没有人去审查过的。因此他们可以大碗酒大块肉痛快几天了。

有人说,"瑜伽焰口"是苏东坡做的,原是他的游戏文章,不知道是否给佛印拿了去,从此流传到和尚寺里,成为和尚的生意经。的确,那一心召请的几段,像六朝时的"连珠"一般,对仗非常工稳,就是放着当它文艺作品看,也不坏啊。

但是欣赏焰口文字的话,未免太笑话了,况且那些和尚,只是沿口禅,未必念得阴阳平仄,一字不差。到底盂兰胜会的事,也不过是应一回景而已。

我真不信,人都要做鬼的,为什么怕鬼呢?人都没有见过鬼的,为什么要媚鬼呢?

我在想,这种顽意,原是从家庭制度来的,因为到了中元,大家都认为一年中最重要的鬼节,无论如何,要举行一回盛大的家祭的。为了家鬼已得到供养,便想到野鬼的颠连无告,飘泊无依,或者要累及家鬼的安全,所以推己及鬼,分我杯羹了。倘然严格地说起来,还是自私。

其实不景气的社会失业群嗷嗷待哺的,不可胜数,救人不遑,何论救鬼!

不过话得说还来,那些游手好闲,除掉这等借鬼骗人的勾当,也没有方法可以向人要钱。越是此等勾当,人们倒肯舍几个钱的。

不必说盂兰会了,那些大人物也会玩什么时轮金刚法会的。时轮金刚法会是大排场了,它的效率,不仅救鬼的饥荒了,还能祈祷和平咧,差不多可以挽救外交的危局,消弭国际的争端,或者世界第二次大战

不至爆发,也仗佛力无边呢。

　　上海人表面上是极前进的,骨子里还给旧势力支配着,所以内地那些迷信事件,上海始终保存着,单就大小月底买长锭,在立体的建筑物的后面焚化,这种不调和的现象,足以代表一切。盂兰会的白热化,不过是一部分的表示呢。

(《机联会刊》1936 年第 150 期)

卖白果

"生炒热白果,香是香来糯是糯,一个铜板买三颗,要买就来数,弗买就挑过。"

秋风还没有吹起,卖白果的已经在蠕动了。这玩意儿算得简单了,居然炉灶俱全,火熊熊地,烟缕缕地,铲和锅的碰击声铿铿锵锵地,不仅是孩子们要馋,就是喜欢闲食的成人们,也得动心。

做这种买卖的,老枪居多。因为本钱小,家伙轻而易举,磨得起夜。但是这种买卖虽小,一样也要不公开的小费,孝敬给流氓们,最近不是有一个卖白果的儿子,帮着老子向流氓理论,给流氓打伤致死么。这一幕悲惨的短剧,我们看报的人除掉铁打心肠的以外,我想没有一个不起一点愤慨的。上海的社会,竟如此的黑暗,谁说上海是满地铺着银子,连一碗苦饭也不容易吃呢。

在秋天的闲食,以栗子最为当行出色,白果哪里及得到千分之几的势力,所以只有在弄堂口一个小锅

子里,炒着几十颗,买的人也只三五个铜元的交易。并且这东西,冷了就减味,有的还喊着"烫手热白果,好当小手炉"咧。到了大冷天,他们在西北风里打着寒噤,越喊得起劲。当真有许多人买了来熰熰手,得一点暖气的。栗子冷了,还可以吃,白果冷了,简直毫无趣味了。凡是吃的东西,有许多要利用它的热气的,尤其是白果,全在炙手可热上卖钱。因此他们炒的时候,不能多,一来多了炒不熟,二来炒熟了,没有人买,放在棉絮袋里,等不到多少时候,就要冷的。

卖白果

他们用那个碗样大的小锅子,和菜馆里煎熬所用的,同一意义,同一作用的。并且若断若续地在炒着,更见得热闹,铿铿锵锵的声音,当作叫货的法器,真是一举而数善备焉。

其实白果的吃法,还有比炒更妙的呢。像蜜汁排南下面衬着白果,八宝京冬鸭里面塞着白果,都是很够味的。最好是和新鲜栗子在一起煮,加了冰糖桂花露,那真合着"香是香来糯是糯"的话,还有甜津津的味道,更使你起一种熨贴舒服之感。

会享福的哥儿姐儿们,到了秋天,游杭州的西湖,逛常熟的虞山,上无锡的鼋头渚,都得找桂花栗子吃。便有会赚钱的人,凑着趣把栗子汤里搅着些桂花露来充数,把白果来凑些热闹,掉文袋的说"桃奴菊婢",那么白果差不多也列于奴婢之流了。

似乎娘儿们对于白果有点忌讳,因为它时常被人象征着白眼的。苏州人称眼黑歪斜不中度的为"白果眼",讥笑遭人白眼的为"吃了白果"。

我们的老家,在三十年前,门口的一间,借给人家开裱画店的,那店里有一个伙计,大家都称他为白果眼的,他是非常诚实的青年,常受人家欺侮的。况

且他是伙计,更无力抵抗,所以只能接受这个称谓了,到后来差不多已成他的法定的名字了(其实只好算是非法的私谥)。

白眼的对面是青眼,白眼用白果来象征,青眼不是可以用橄榄来象征么,因为橄榄俗称青果啊。

但是在秋夜甜蜜的比肩时,只有水汪汪的眼波在睃着,哪里有白眼呢,白果尽吃罢。

(《机联会刊》1936 年第 151 期)

洋澄湖大蟹

"吃蟹须知九月雌,丰腴正似妙龄儿。秋灯误入湖边簖,莫问横行到几时?"

——竹枝词

照考古家说,洋澄湖应作阳城湖,因为古代有一个阳城县,给洪水淹没而成湖的。前年还有一种谣传,说在某处发现阳城故址呢。但是无论苏州、上海,市上卖蟹的,没有不大书特书"洋澄湖大蟹"的。

洋澄湖在什么地方呢?诸君坐京沪车,过正仪、唯亭两站时,向北一望,有白茫茫一片,水天相接,无边无际的,就是此湖。因此附近各地的蟹,不管它出身如何,总说它是洋澄湖的,这好似人们说"祖籍那里"了。

为什么一定要借重洋澄湖呢?为了清水里的蟹,肉嫩而鲜,洋澄湖的水,清得无可再清了,又是深且广,自然是蟹的最好的生活区了。所以最庞大的,一只有近一斤重,俗语"尺二开锋",并非虚语。

　　捉蟹都是在夜里的,这是农人的经验,他们知道蟹是喜欢走向灯光这边来的,所以到了夜里,提着一盏纸灯,到簖边来,不多时,那些横行东西,都会爬上簖来送死的,这时只须一举手之劳,便可捉到篓子里来,倘然运气好,一夜捉着十多斤是很容易的事。在这几天,它们的"交行价钱",每斤总在千文左右,可是到了上海四马路一带的酒店里,或酒店附近的摊子上,要加上一倍不止呢。

洋澄湖大蟹

为了这是天然之利,大家免不得耽耽欲逐,于是水面上的主权,也成了问题。我们坐了船,到江浙一带的湖荡里去,往往看见在进出口,拦着一排竹竿儿拴着的所谓"籪",好似毫无拘束,随便哪一个人可以来捉蟹的,实际大不其然,有"领湖权"的,并且要纳租税的。

从前有一副老对是"过籪船搔背,樵柴山薤头",形容比拟得十分切合。这籪给别地方的人瞧见了,一定要误以为是"栅"的一类,不知道是农人的利薮呢。

在苏州挑着担子向街头巷尾喊着卖的,还要加"大闸"两字在"蟹"字上面,意思是说,这蟹是够"闸"着吃了,是对于小蟹只能用于"油酱"而言的。"闸"的方法,是把蟹在沸水里烧透熟。我没有研究过小学,不知道这个"闸"字对不对?可是已成了通俗字,是无疑的。

吃蟹最有讲究,因为吃法各有巧妙不同。从前有一种铜制的器具,名为"蟹八件",可以省掉许多齿力,其实只消备一个"小浪头",其馀的工作两手足以了之。

这几天雌蟹最好,俗语说"九雌十雄",又说"九

月围脐十月尖"。但是人们给手段厉害的人一个绰号"老蟹",并无雌雄之分,可知吃蟹只求其老,不必问它的性别的。

(《机联会刊》1936年第153期)

夜　报

"夜报要哦？刚刚出版。夜报要哦？六只铜板。《新闻》、《社会》、《华美》、《大晚》、《东南》、《大美》，各色齐备，时局变化，生意来哉。"

"夜报"并不怎样出奇，但是卖夜报的，好像急不及待的样子，买夜报的，也是存着好奇的心理，双方似乎都认为夜报是不经常的。所以在太平时候，夜报的生意不会好的，倘然时局起了变化，夜报的销数，便突然增加起来了。

因此夜报的新闻，以越有刺激性越好，而靠着"洋商牌子"的夜报，便大放厥词了。看夜报的也喜欢刺激的，据说去年闹着中日问题时，南京竟买到两毛钱一份的《大美晚报》，为了当时《大美晚报》的新闻，特别的刺激。

前几天夜报也涨价，在沪西一带，有驾着自由车卖夜报的，到比较冷僻的弄堂里叫卖，也要一毛钱一份，可惜这种好生意做不到一两天，空气缓和下去了。

在平时,为了竞争起见,出报的时间赶着提早,最早的三四点钟就上市了。可是在非常时期,又以越晏出的越有人要,这种情形,见得都市里一般人对于报纸的需要,是有时间性的。

夜报在内地成为地方报唯一的食粮,像苏州、无锡、松江、嘉兴几个都市,他们的报纸第一版,十分之九是转载夜报消息,只有少数经济力较充裕的,有通信社的稿子,或是长途电话。假使夜报不到,他们的"主笔",便非常恐慌了。那些夜报,是从火车上的

夜　报

报贩分送到各埠,由各埠的报馆,派茶房到车站上接去的。因此报价也贵得可以,大概每份每月要三块钱光景。

卖夜报的以"老枪"和"小毕三"居多,总是放哨到电车站附近,和旅馆的门口。以前常由他们自己编成了刺激题目,高声地乱唱,往往报纸上并无此事,等到买到了手,才知上当,要退回他,他已走开了。后来巡捕取缔这种"谣言"化的叫卖,这种情形就减少了。

  办夜报的有许多困难,最大的是广告不易招揽,有的比小型报的广告收入还不如。幸亏纸张可以赚钱,销数多,就不致亏本。毕竟上海的夜生活很繁荣,好的还拥有万馀的观众。像内地夜报竟是永远办不好的,就是首都的夜报,也不甚发达,因为办公处、写字间,到了夜间,没有人了,这一笔生意就失去了。住户看夜报,又为了递送不便,定阅的自然不多,所以夜报的主顾,都是临时的,散漫的,零星的。

  我住在枫林桥,卖夜报的不是常来的,有几天特地坐了公共汽车到徐家汇去买夜报,计算起来,一份报也花到一角小洋呢。

(《机联会刊》1936年第154期)

向导社

"……此项变相向导社，以少女为饵，百般诱引，戕贼青年身心，消磨青年志气，贻误青年，莫此为甚……"

——上海市民联合会呈市政府文

向导社这个名词，在上海还是去年产生的，当时只有一两家，到了今年发展到一百多家，我们翻开《新闻报》的分类广告，几乎目为之眩，三四排的地位，全是这玩意儿。起初还是堂皇冠冕说是伴舞导游，近来竟有如市联会所说的"以少女为饵，百般诱引"了。大概都市里这一类的东西，都有演变的迹象可寻的。从官伎而公娼，而私娼，而淌牌，而野鸡，是直线的演变。从咖啡店，而按摩院，是曲线的演变。向导社，便是直线曲线两种混合的演变。总而言之，统而言之，它的生命是两种环境营养的，一是资本社会享乐主义的昌炽，二是租界治权的扞隔。

所以要取缔向导社，必须与租界统治者合作，一

方面还得提倡民众的高尚娱乐，否则这种诱致淫乐的演变，是不会中断的，这个禁止了，自然会别出心裁，另想花样的。

至于向导的风味如何？我们留心社会风尚者，也得实地观察一下，于是我们在某年月日时，费掉几块钱，去招几个来，和她们作个别谈话，得到了些个中的实况。

她们一部分是"窑变"，一部分是人家人，少数是有点交际训练的，可是多数不过滥竽充数而已。因此有的呆若木鸡，非但不能向导你，或者还要你去向导她呢。

中间自然也有几个等级，最好的每小时须两元，她和老板的拆账要"三七"（向导者得七成），普通的每小时一元，拆账只能对分。做得好每月有二百多小时，比女招待进账多。她们来时，有一张卡片的，下角注着时间，好像坐出差汽车，十分顶真，但是事实上可以通融，她们公开的价目，凡是作长夜之伴的，十二小时八折算，就是九元六角，迁就些还可以商量。

这种生意，自然比"堂差"来得干脆，在目下"唯物史观"到处用得着，因此那些向导者，也不必像窑子里的姑娘打扮得花蛇一般，尽可青布旗袍也行，好在要向导者，不重表面，而需要实际的。

开办向导社，更为轻而易举，就是一上一下的房子，也可以应付了。电话却是少不得的，大概旅馆里的茶房，和她们都有联络的，面子上小账只取十分之一，骨子里或者还有好处。

据说上海有最高级的向导社，每小时要五元，她们自己有汽车，个中人物当然是名媛闺秀了。倘然时间长一点，交情特别厚一点，整十整百的给与，也在意料之中。普通的向导，至多备几辆包车而已，大多

数还是黄家的包车呢。

上海的向导社如此兴隆,自然要引起内地企业者的眼红了。听说首都就快要产生了,苏州比较困难些,因为党部方面不肯许可。其实一本正经的向导社,未尝不可,像上海式的,确有取缔之必要。

(《机联会刊》1936 年第 155 期)

无线电播音

"街头聚集了许多人,嘻开了嘴在细听。听得出神,喜怒哀乐发乎情;听得高兴,饥寒不在心。但闻其声,不见其人,是何神妙,是何鬼灵精?"

到了热闹的街头,无线电播音吸引了心灵,要是趁电车,准会走了几条街,听完了一张唱片,首尾完整。

上海的播音,自朝至暮,是继续不断的。到了晚上,更是五花八门,不单是唱片了,南腔北调,应有尽有,尽管拣喜欢听的享受就是啦。

不过店铺里的收音机,大半为了招徕主顾,所以开放歌唱的节目居多;那些只宜静听而有连续性的说书、话剧之类,是不开放的。而临时集合和偶然经过的听众,也只要听片断的歌唱。一般连柴米钱也亟待张罗的小贩苦力,平时哪里有福听梅兰芳的戏,现在他们尽可以苦中得乐了。因此无线电播音成了民众的音乐院,不费一文钱,可以听得国内名角的歌唱,这

是以前小贩苦力所梦想不到的。

以前小贩苦力所能听到的，不过是街头的卖唱者，到底是庸俗粗陋，不甚动听的。后来有了留声机，靠良乡栗子的福，可以听到几张唱片，可惜栗子摊太少，哪里像现在收音机的广及。

现在的栗子摊也跟着时代的轮子前进了，大多数把留声机换了收音机了，因此栗子摊的老板，倒是一个最能抓住时代的前进人物。

不过许多商店，为了宣传起见，请人在电台播送节目,原是想推广营业。但是它的效力只能达到家庭间,而不能达到街头的。因为开放给街头民众听的商店,事不干己,谁肯替他家宣传,所以逢到报告人一连串广告话时,往往旋去了另开一种歌唱节目;就是听的人,也不欢迎这些广告话,就是听了也未必依着话,赶到它那里去作成生意的。根本上,街头的听众,是纯粹的音乐欣赏者,不是采办货物者。

自从有了无线电播音,那些说书,唱独脚戏,和各地的杂耍班,都交了好运,增加了收入,提高了地位。但是每年流出的漏卮,却是其数可惊,倘然把这笔钱买飞机,总得比东三省一夜失掉的要多上几倍,这笔账如何算法?并且近来的收音机,以某国货价格便宜,特别的销场好,他们拿了这笔钱去,制造杀人的利器,来威胁我们,这笔账更如何算法?

所以这种耳福,不能算得福,也可以说是祸。至于播送不良的歌曲,传布不良的故事,影响到听众的心理,还是比较缓和的病害呢。

要说它的益处,也未尝没有,像中央电台播送的各种节目,是切实的演讲,重要的新闻,于智识方面可以得到不少。有几处利用它作为小集体的夜校,因

为有几家在播送"讲书",就是听听歌唱或是说书,究竟也可以使伙计学徒,坐得定些。倘然到了非常时期,像"一·二八"的时候,传布消息,唤起抵抗精神,民众对于自己的环境,认识得清楚一点,也是得力于播音啊。

工具是死的,使用工具的人是活的,我们在能够买栗子吃的时代,不妨听听栗子摊上的音乐的。

(《机联会刊》1936 年第 156 期)

书 摊

"街头小立且摩挲,泥版模糊几阕歌。简体字真通俗化,平民读物此间多。

"闲来无事走书摊,新旧庄谐尽取看。看到会心舍不得,归来两腿有些酸。"

到了晚上,那些街头巷口,有一种临时书摊要陈设出来了。像风门折屏一般的几扇布架,斜靠在关店的排门上,插着红红绿绿的小本书,版子是泥做的,字体是简笔的,题材是恋爱的,文裁是歌唱的,尽着过路的人摩挲,不取分文,看得上眼,三四个铜子买一种去哼哼,倘然腰无勺合,望望然而去,也不妨事的。因此粗识之无的苦力,当它图画馆看待,常常要光临的。

这些书摊,虽然比不得天禄琅嬛,却也包罗万象,单就山歌一项,有的是数千百年流传下来的,有的是数千万里转辗传唱过来的,作者是谁,无从查考,可是他们也能抓住时代,譬如社会上发生一件重大的新

闻,立刻就有山歌编印出来,因此看的人,可以当作报纸,似乎比看报纸更有兴味,因为辞句浅近,容易了解。况且有韵的文字,容易记忆。所以平民受到它的影响,实在不小。我想倘然把三民主义用这种手法去宣传,比贴标语,喊口号,要有力得多。我们看见过好几种关于"一·二八"的描写的山歌,对于敌人的认识,也相当清楚,这倒是真正的民族意识的表见,为了一般人所不注意的,作者能够大胆地发挥,言论自由倒给他们享有了。

书　摊

比较充实一点的书摊，在山歌以外，还有小说、宝卷之类，那可不能在短时间里立着看完了一种书了。幸而价钱是很便宜的，小市民不难一偿所愿，比上书坊去买，总合算些。

无论男女老少，普遍地喜欢看连环图画的，为了可以租看，因此一本书出版不久，就看得封面墨赤腾黑，倘然用显微镜看去，一定有大量的微生虫在那里开运动会。立着片刻，费几个铜子，可以把一部《杨家将》看完，比听露天书更经济。并且这种书出得很快，真是粗制烂造，倘然作一番统计，它的出版指数，是可以占第一位的，孩子们上历史课，哪里有看连环图画那么高兴。

从一折八扣到一折五扣，书价比卫生纸更低廉，于是有抬着箩子，沿街叫卖的，假使有一目十行的本领，也可以看几篇创作小说，和幽默小品的。至于那些书局的门口，有像廉价线袜般，一扎一扎堆着，尽人检取的，倘然不怕脚酸，倒可以看一个饱的。这里面也有许多定价很贵的书，和水渍衣料一样，所费不多，而得益很大。

杂志公司更便利无力购买的书痴了。他们把新出

的杂志,都放在书架上,尽翻不妨。所以到了晚上,书架前总是立满了人。礼拜天更为拥挤,因为有许多好学之士,都要光降的。

据说日本的文化街,这种现象格外普遍。有许多苦学生,要参考某一部分的资料,只消走上街去,随便踏进哪一家书坊,可以如愿以偿的。

我想,这些书摊,倒是值得提倡的,不过像山歌、宝卷之类,应当加以鉴别。另外再编印些有益的通俗的读物，放在里面，也是因势利导的教育方法。还有几家大书局，正应当把新出版的书，陈列在门市部，任人浏览，这也是文化的工作啊。

（《机联会刊》1936年第157期）

月份牌

"新气到长街,成排月份牌,色情迷伙计,肉感画娇娃,痴唤真真出,呆看个个佳,脚尖遭踏痛,阿育哈乖乖。"

——打油诗

到了新年,关门的店铺前,便有花花绿绿的月份牌挂起来。这种月份牌,一部分是大商店、大工厂印来送人的,多馀的卖给摊贩;一部分是印刷所印成了,预备善价而沽诸的,没有主顾,只好零卖。

月份牌的起始,已无从查考,大约至少也有三十年的历史了,因为从所画的女子的装束,可以看出三年一小变、五年一大变的时代过程来。

月份牌以女子为题材,多少有一点利用人们色情的魅力,因此上海有几位画家,专门在描摩娇好婉娈的容貌姿态上用功夫,往往一两个月,只能画成一张,而代价最贵的要二三百元。近来市面萧条,大商店、大工厂竭力撙节宣传费,这一笔钱也在能省则省之列,

月份牌

于是画价因之而大跌,一百元已算很好的酬报了。

但是为了印刷这种东西,非考究不可,纸张也不能迁就,所以卖价总得两毛钱一张,再少就得亏本。并且女子的装束差不多年年有变动,隔年陈货,失掉了时髦趣味,谁都不爱买了。

比较不受时间拘束的,是历史画,或是小说画,但是决没有像女子画容易畅销。有许多色情朋友,在亭子间里挂几张栩栩欲活的女子画,多少可以慰藉他的寡人生活的寂寞。就是意识高一点的,也喜欢买几张来,增加他的审美感念,虽然不登大雅之堂,那燕

居之所,是尽管堂皇地挂起来的。

月份牌在某个时期里,很风行裸体,当然更具诱惑性。但是近来已遭禁止,不能不把肉感成分减少,把礼教的外衣披上身去,所能保持的,只有美色和曲线的魅力了。

附丽在月份牌上的出品名称,自然是目的所在,无如醉翁之意不在酒,谁再注意到出品名称?连月份牌的主要成分的"月份",也成了无足轻重的东西。因此到了最近,有许多月份牌,只有女子画,四周已没有什么附丽的文字了。

因了月份牌耗费过巨,大商店、大工厂用紧缩政策,把日历成为"月份牌化",日历后面所衬的纸板,也贴上一幅女子画,为了面积小,画费、印刷费、纸张费都省去不少,并且可以挂在写字间里,会客室里,又为日历的用途大于月份牌,在宣传的力量上,并不弱于月份牌。在这一点上,可以见到工商界也事事在研究,不是一味盲从了。照一般的趋势推测,将来月份牌或者将逐年的减少,也未可知。

日历的需要,已成普遍性,尤其是内地还需要阴阳合历,前几年政府禁止阴阳合历,便有人出几倍的

月份牌

代价,到上海租界上来买。现在都在阳历下面注着极小的字,或是单标朔望,不过"望"的推算有时和万年历不同。

历本的用途,比日历小得多,卖历本的都带卖日历了。不过历本在阴历十月已有印成,一直可以卖到明年正二月,比较日历长久些。以前"地保"到了年底,送历本打抽丰的,积小成多,也是一笔过年盘缠,现在可不行啦。

(《机联会刊》1937年第158期)

涮羊肉

"北国的风味,南国的尝试,不惹一身骚,旨美挂颊齿。绥边纠纠者,血战风雪里,举箸要踌躇,何以慰将士。"

"涮羊肉"这名词,北方是听惯看惯以至于吃惯的,南方却在这几年才流行。这和酸梅汤已成为一冷一热的隽品,而同样地被人称为价廉物美的饮食。

走到了涮羊肉的铺子里,就充满了北方的情调,伙计们一声吆喝,诸般伺应,都是他们特具的风格。而刺鼻的一股难以分析的香辣浓腻的气息,不是有点耐性的人,准会向后转的。

先来了一盘的调味品,乳腐酱、麻油、酱油、辣油、醋、豆豉等等,随心所欲,舀一点在空碗里,接着一个大于普通暖锅的暖锅,上面罩着一个像一见生财的无常帽子的洋铁烟囱,汤在腾腾地沸着,热气便四散在席上,接着一盆一盆的羊肉片,切得很薄地排比着,放在锅里,不消十秒钟,就可以熟了,在调味

涮羊肉

的碗里蘸着吃，"涮"的工作就完成了。

初听有点惊异，说穿了，并无何等神秘，和广东馆里的"吃生"毫无二致。"吃生"材料多些，而涮羊肉是单调的，所以只是为了尝试而来的，不会接连光顾的。可是北方朋友，却乐此而不疲。

俗语说："羊肉未吃着，惹得一身骚。"羊肉的骚气是怪难受的，也是生理的关系，无论如何是除不掉的。以前盆汤弄有一家先得楼，以红烧羊肉和羊羔出名的，比较的骚气少些，但是还不能完全消灭。可

是涮羊肉却全无骚气,不知道他们用什么方法去消灭它的?

照字书的解释,"涮"是洗的意思,大约他们把羊肉洗得十分道地,所以骚气都洗去了。

涮羊肉虽然已流行到上海,可是他的模样儿还保持着本来面目,没有受"海化"。铺子的门口,常时排列着五七个大暖锅,吃的地方很狭窄,座头很简朴,据说天津负着盛名的涮羊肉的铺子,就为了像弄堂,而称为"一条龙"的,在上海已经算是扩而充之了。

我以为饮食和民族性是有连系的,北方的民族富有英雄性,说话响亮,体格高大,举止豪放,所以饮食也不是斯斯文文的,尽管单调,大嚼了一顿就算了,并且经济,也是他们所需要的。涮羊肉就应运而生了。譬如我们南方的暖锅,就复杂得多,吃年夜饭时,更多得不可胜数,除掉鱼肉鸡鸭以外,还要放几只蛤蜊和大虾,取象征元宝的好口采,并且都是预先煮熟的,吃的时候,还是斯斯文文的。其实各人口味的嗜好不同,像涮羊肉的吃法,比较的尊重个性,谁喜欢怎样的滋味,就把调味品来分别轻重多少,连肉的生熟老嫩,也任从客便。这种吃法,还有点原始性,大概南

涮羊肉

方民族于烹调,已到了极端进步的阶段,所以这种原始性的吃法,早就舍去不用了。不过,我以为原始性的吃法,也有其特具风趣,像北方的华贵的隽品烧鸭,蘸着甜面酱,夹在蝴蝶饼或花卷里吃,和欧美的面包夹火腿,涂牛油,或甜酱,是遥遥相对的原始风趣呢。

(《机联会刊》1937年第159期)

收 账

"端午节,看一看;中秋节,算一算;年夜还一半。"

无账不成店,开了店便免不掉欠账,尽管大书特书"诸亲好友,概不赊欠",或是"前账未清,免开尊口",可是连馄饨担、粥摊,也有账的,何论一家店铺了。所以到了节边,便得收账。

在上海,有许多店铺是大小月底收账的,大月底是三十日或是三十一日,小月底是十五日。虽然国民政府早已颁布命令,一律遵照阳历,但是社会习惯还是依恋着阴历,尤其是商家,更重阴历,人家说"阴奉阳违"是不错的。一年三节,端午,中秋,大除夕,民间有一种歌谣,说是"端午节,看一看;八月半,算一算;年夜还一半",这种欠户,真使商家哭笑不得。

还账有"四头",便是"打折头"、"除零头"、"欠找头"、"讨饶头"。譬如账额是八十五元五角,打九

收　账

折，七十三元九角五分，除去九角五分，再把零数三元作为欠照，到明年再算，笼统只付七十元，临走还要零星东西讨一点。如此的主顾，也不在少数。

　　因此做生意也十分困难，要是不通融一点，非但明年失掉了一个主顾，并且挂欠就难以收到。这种情形，内地是很多的。因为内地多数是相熟的，历年往来，如何板得起面孔来。倘然一家商店到了年底收到八九成的账，已经算是很好的了。上海比较少一点，因为上海的放账，比内地紧一点，除非有担保，有介

绍,才肯脱手。但是担保和介绍,有时也靠不住的,结果主顾竟告失踪,一个大钱也捞不着,也说不定。

但是从主顾方面想,为了生活艰难,平时没有积蓄,到了节边,诸债毕集,也感到十分的痛苦,倘然大小月底收账,阴历三节收账,再加上阳历年关,关节重重,真成了"日日大年夜"了。

有许多人说,欠账不是好事情,一来为了可以欠,难免多用一点;二来欠账势必比现买来得贵些,并且日子过久,连数目也模糊难忆了。这话果然是合理的,但是事实上有不得不欠之势。譬如薪水阶级的人,到了"号头"上,拿不到薪水,借贷又不容易,而开门七件事,哪一件事可以从缓,在此情形之下,便不能不欠,既然可欠,何妨到节边转念头呢。就是薪水按月拿到,难免有特别支出,如亲友红白帖子来了,或是家里人生病了,不能不移缓就急,这们一来,就非欠不可了。

阳历年关和阴历年关,相距不过一月多,人们到了这时候,脑细胞不知道要多费几许,脚步唇舌,也大忙特忙。商家的算盘,几乎没有一刻可以休息了。伙友们便要天天出门去收账,以前交通不便,内地总

收 账

是雇了船到四乡去，不幸遇到干没本钱生意的，把辛苦讨来的一箍脑儿拿了去，只落空手而还。现在交通便利，这危险或许可以减少些。

说起收账，还有一个习惯，就是非提纸灯笼不可，所以大年夜过了，东方已经发白，没有解决，坐在家里的收账朋友，还是点着纸灯笼的。这光景，上海是很少见的。

(《机联会刊》1937 年第 160 期)

接财神

"摇钱树,到门来,骨碌碌个元宝滚进来,运道推弗开,航空奖券中头彩。"

"接财神"的习惯,不知道始于何时?无论通都大邑,穷乡僻壤,都有此举。旧时商店,差不多家家供奉着财神的,到了阴历的年初五,算是财神生日,可是接财神却要提早半天,在年初四的夜间。相传财神的行踪,有点鬼鬼祟祟的,他到人家来降福,喜欢在夜间的。这一点,就使人不痛快,觉得同于昏夜苞苴,有失神明的典型了。

关于财神的神话,不一而足,财神以外,还有玄坛、招财、利市等等,名目繁多,甚至说财神有五个,称为五路财神。大约人们想发财的太多了,所以广额增设的。但是五路尚嫌其少,就是像上海的公共汽车有廿二路,恐怕还嫌应接不暇罢。

接财神,在人家倒并无何等了不起的关系,可是在商店,就有出入。譬如不接财神,就表示要停止营

接财神

业了。接财神时,东翁不到,也得派代表,或者声明理由,假使并无理由,也不派代表,便使经理先生发生疑窦,以为东翁有什么意见了,要直到红账送去,毫无说话,方把心上的一块石头放下。至于伙计们倘然不给他参与拜财神的典礼,就是请他卷铺盖的暗示。

有些地方,过年必须接财神,至少别的习惯可以省略,独有此礼不可废,并且接而不送,更为可笑,难道永远留在家里么?难道任着他高兴在哪天离开就不问讯了么?像内地大年夜送灶,年初四接灶,有送有接,才合礼数,独有财神,只接不送,无怪他生气,

不愿意光临了。

民国用阳历，自然要把迷信的事件，一齐打倒，但是社会习惯，竟牢不可破，近年已差不多完全恢复了从前的模样，那接财神的事，更是奉行不废。在上海，除掉洋商以外，没有一家不是郑重其事的，住家比较少一点，可是年初五到店家去买便宜货，称为"路头生意"，这个观念，是大家有的。从年初一起休息，到年初五复业，也是成了年常旧规。连负着文化使命的报纸，也停刊到年初五才复刊，可知财神势力之大。

其实现在做生意，都有国际关系，也得接接外国财神才好。外国没有财神，他们也会发财，并且发财的本领比中国商人来得高，可知中国财神对于国际间也施展不出手段来，那么恭而敬之，也是无所用之呢。

还有棺材店、药材店接财神，存心先自不善，财神倘然有些良心，决然裹足不来的。从前有一个笑话，说大方脉医生见小儿科医生在家里接财神，他就赶去大闹，说你的生意好，小儿都给你看死，我就没有生意了。小儿科医生说，足下所见，未免不广，要是照你说来，成人们都给你看死了，我的生意也要一天少一天了。其实医生接财神，还不能算坏良心，因为治

接财神

疗疾病，使人们都臻康健，生意好些，无伤于事的。最好财神光临接产医生的家里，他们生意好，就是国民的生殖率增加，国家添了许多的新国民。

但是"接财神"这名词，有时竟使人闻而生怖的，这是为了江湖上称绑票为接财神的缘故。绑票称接财神，顾名思义，倒是很贴切的，并且实际上比年初四夜间接财神，来得可靠。因为年初四夜间接财神，徒然费了一笔钱，未必真有财运可交。绑票匪的接财神，不论多少，总有些好处的，除非接着了空心大老官，

没有钱来赎;或者弄僵了,出于撕票。

所以同样一名词,用途就不同,用途不同,意义也随之而异了。

(《机联会刊》1937 年第 161 期)

卖 灯

"灯印月，月印灯，今宵灯月倍光明。团团月下灯千盏，盏盏灯中有月一轮。月下观灯灯富贵，灯前玩月月精神。月借灯光光闪闪，灯乘月色色沈沈。有月无灯月暗淡，有灯无月灯凄清。今宵灯光月夜里，无非赏月赏灯人。"

——《看灯》弹词

旧小说里，描写灯节盛况的，有《水浒》、《粉妆楼》、《三笑》等书，是太平世界的反映。在专制时代，灯节是点缀升平的绝大局面，除掉辇毂之下，铺张扬厉以外，就是各地略有市面的地方，也应此故事的。小而言之，人家到了上灯日，也得挂一盏荷花灯在灶角，像我们吴江，就有此应景的玩意儿。

至于各种花样的灯，都是出自纸扎店的，也有私家糊制的，到了新年相近，就挂在檐下，或是挑在担上，任人拣取。讲究一点，用绢，绘上图画，这是一般人称为宫灯的，其实不如称为工灯，较为贴切。因

为这种灯,未必出自宫中,并且宫中的灯,也从民间进贡去的,论它的制作精工,应称它一个"工"字。

走马灯是孩子们玩的,借火焰的力,转动着灯中的纸轮,于是像幻灯似的循环不息,这其间着实有点物理。可是流传了数百年(?),还是这个老模样,一些没有改进,并且连所贴的人马之形,也是几出老戏。

可以牵着走的是兔子灯,制作最简单了,为什么专取兔子呢?它的原因,我以为至少有两种:一,元

卖　灯

宵佳节，是一年中第一度团圆，兔子是月宫里的动物，所以把它来代表月儿的。二，是糊制容易，不会不像，并且用不着涂什么颜色，成本也便宜。

至于模仿着各种动物而糊制成灯的，工夫较费，自然取价也较昂贵了。大概以龙灯、鱼灯、鹤灯、虾蟆灯等最多，为了这几种动物，人们的印象最深，并且颜色也是很美丽的。

灯的制作，当然以故都最为考究，上海地方虽然是一切都居最高峰的，可是灯不见得制作得怎样好，这是为了上海人对于灯节，并不怎样看得隆重，而灯节在上海的历史，也并不怎样绚烂。成人们不甚高兴玩这东西，就是孩子们，似乎也不甚喜欢这东西，只有游戏场里，每年到新春，总有灯会的。其实现在电流便利，不必换烛，真的可以城开不夜，而火树银花，也办得到一个维妙维肖呢。

说起灯会，倒是乡间最为热闹，大概新年里，一切事业都未加紧工作，商店里的伙友，和游手好闲之辈，借此胡闹一阵，也是寻欢作乐之意。还有农家辛勤了一年，也要趁此时期松散松散。以前总是借着庆祝天下太平的大招牌，有的还抬着万岁牌做押队，真

所谓戏牌头了。自入民国,他们也知道这牌头戳不成了,便异想天开,把总理遗像放在宝座上抬出来,不能不说他们适应环境迎合潮流了。

的确,灯会不是完全没有意识的,现在都市里智识阶级,也时常要利用这灯会,作为宣传工具的。不过在灯会之上,加一个"提"字,称了提灯会,似乎就化腐败为神奇了。我记得中国第一次由智识阶级引导举行提灯会,是在宣统二年南京的南洋劝业会

卖 灯

里,后来双十节,常视为例行公事的。去年上海为宣传禁毒,就行过一回很盛的提灯会。所以凡事有利必有弊,反过来说,有弊必有利,不过要有人因势利导而已。

(《机联会刊》1937 年第 162 期)

卖金鱼

"'子非鱼,安知鱼之乐?''子非我,安知我之不知鱼之乐?'鱼乐即人乐,人乐即鱼乐。鱼乐乐人乐,人乐乐鱼乐。人鱼同乐不同乐,人有人乐,鱼亦有鱼乐。"

春天到了,缩在屋子里的人们,都给和暖的春风吹到外边来了。因此做买卖的,就把各种东西上街叫卖,弄堂口顿时热闹起来了。

只有卖金鱼的,不叫货的,默默地挑着两个木盆,很文静地走着,见有人聚集在一个地方,他就走拢来,把担子歇下,他并不向人说"这东西好,要哦?拣几条,便宜点"一类生意经,因为他也和养金鱼的一般,有了涵养功夫,不像普通做卖买的,急于脱售,差不多是任人鉴赏,不烦揄扬的意思。但是有人拣定了几条,和他论价时,他又居为奇货,要悬天讨价了,说不定一元的讨价,二三毛钱可以买到了。

其实讲究养金鱼的,决不向担上买的,因此担上没有好种了,大多数是当年的小鱼。孩子们是他们

卖金鱼

的主顾，一两个铜子也可以买一条，装在玻璃瓶里的更小，为了凸体的关系，从外面看去，已经觉得很壮大了，孩子们蹲在地上，自然看得眼红了，可是买还家去，养不到五七天，就得死去，这是容水量太小的缘故。

　　本来养金鱼，不算一回事的，自从有人在报纸上竭力鼓吹，有人把饲养心得发表以后，引起许多人的同情，于是搜罗名种，大家存着好胜之心，像苏州就开了好几次的展览会，有许多金鱼为我们平时所不易

见到的,一方面证实老话:"天下之大,无奇不有。"一方面证实欧阳修先生说的,"物常聚于所好"。

现在无论什么玩意儿,都有国际关系了,金鱼之微,也有舶来品在侵略,像游泳在方玻璃箱里的热带鱼,多数是舶来品。还有放在水里,用以滤清水里齷齪的那个"球"(这是指形状而言,它的原文却不知道),中国还没有人仿制,而它的价值就得七八毛钱。水蛆也有罐装的干货,大约也是舶来品。

说起水蛆,上海有人专营此业的,把它蕃殖以后,像送牛乳般每天一早骑了自由车,按户送给养金鱼的人家,每月取几毛钱的费。在乡间不值钱的东西,到了上海,就可以作为生活之资,奇不奇?

据研究金鱼饲养法的吴吉人君说,闸北一带,江北人养金鱼做买卖的,有一百馀家之多,他们并不十分讲究种子的好坏,成本也贱,所以售价也廉。像冠生园农场,就不及他们营业之广。城隍庙里所陈列的,大多取给于江北人的出品。我们从生产方面说起来,金鱼已养活了千人以上。

上海的自来水,很适宜于养金鱼,并且一个玻璃箱所占的地位很小,因此亭子间生活的也养得成。在

卖金鱼

疲劳了一天以后,对着这天机活泼又是美丽可爱的小玩意儿,可以得到一点精神上的愉快。所以金鱼已成了上海很普遍的消遣品了。

(《机联会刊》1937 年第 163 期)

上龙华去

"车如流水马如龙,轮舶帆船白浪冲。香汛赶齐三月半,龙华塔顶结烟浓。"

——《上海县竹枝词》

上龙华去,要分两起讲。

一起是烧香,在二三月间,各地善男信女,络绎而来,每人的身上挂着黄布袋,写着"朝山进香"四字,盖上一个模糊不清的印,有的坐车,有的步行,据他们说,能够步行,更见虔诚。这时候,龙华的和尚,嘻开了笑口,合不拢来了,因为一年的吃喝穿着有着了,他们倒合着古话,"一年之计在乎春"呢。

烧香固然是迷信和糜费,在意识上,在经济上,都不可为训的。但是一般人却借此松松筋骨,畅畅心目,所谓"借佛游春",那么和旅行,目的虽然不同,趣味未尝有异。况且烧香人能够消费,可见民力还未到贫乏的地步。所以这不可为训的举动,也未便去取缔它。近几年名山古刹,又见兴旺,就是这个原因。

上龙华去

为了这一批人,以农家居多数,一到芒种,"乡村四月闲人少",大家要忙于农事,无暇烧香了,所以香汛是无形中有日期限制的。

一起是看桃花,时期和香汛差不多,倘然拗春,或者要延迟到三月底四月初,大概总是和香汛衔接着。烧香的没有看桃花的眼福了,可是看桃花的还有人要烧香,于是龙华寺里和尚,笑口常开,要到桃花落尽了,才见"门前冷落车马稀"呢。

其实,龙华的桃花,有名无实,只是疏疏落落,散种在田野里,并没有堆霞集锦之观。倒是村娃们手

里，有几枝点缀这风光。桃花最不经久，买了来插在胆瓶里，隔不到一天，就得零落了。所以卖桃花的，只是骗骗有钱阶级，给他们插在汽车里，招摇过市，总算是雅人深致了。

龙华为了形势关系，在上海算是警备区域的，在内战不息的年头，龙华寺里常驻着兵，因此想看桃花的裹足不前了。这几年，大开方便之门，一到桃花怒放的日子，寺前卖茶卖酒的临时摊子，像赶集般鳞次栉比，十分热闹，也有受着海化，卖汽水啤酒的，但是经济朋友居多，大家知道要给他们敲小竹杠的，大都一壶清茶坐片刻而已。

今年，上海的名流，纪念王一亭先生七十大庆，要在龙华种桃树，使它成为名副其实的风景区，这倒很有意思的。因为上海的附近太枯燥了，不要说山林之胜，连花木之胜也很少。桃树是闻花而又结实的，不单可以欣赏他的美色，还有收获，有了收获，就可以保持不衰，这样一个中外观瞻所系的地方，自应有些好整以暇的建设。

现在到了桃花汛，每天上龙华去，已不下数千人，倘然将来桃林培植成功，四方好游者也要不远数百里

而来了,那么上海就有了桃花节了。可惜桃花一向为诗人所卑视的,否则上海节正好移到桃花汛里呢。

我以为桃花很足以象征上海,在绚烂的一时会里,确使人赏心悦目,可是不能持之以恒。而艳丽轻盈的颜色,更是市容的代表,因为上海市给人称为中国之花都。而上海的桃色事件,也特别的多啊。

(《机联会刊》1937年第165期)

浴佛节

"士女如云浴佛辰，静安场聚万车轮。衣香鬓影斜阳返，十里红飞马路尘。"

——《上海县竹枝词》

相传阴历四月初八日，是浴佛节，上海静安寺，历年有极大的市场，在人行道上，陈列着百货，有的盖着棚子，有的撑着大布伞，为了要到十点钟光景才歇，所以有的点汽油灯，有的向附近的商店接洽，通一根电线出来，装几盏临时电灯，前三后四，约莫有一礼拜的市面好做。

这里所出售的物品，以日常需用的居多，在上海地方，居家要用的东西，一时在近处买不到的，到别处去呢，车钱不算，并且累赘可厌。有了这样一个市场，便利得多，况且像木器铁器之类，制作不甚灵巧，寻常商店是不供备的。就是论价，也比较便宜些，因为他们用不着出巨大的房金，也没有什么开支，一点地租，到底有限，并且他们总是拣着次一等的货色，

浴佛节

以求容易脱手。不过还价非富有经验的不可，否则反而吃亏，也说不定的。

这种光景，实在是极古的贸易法，在北方常有的，所谓赶集是也。他们也借着一所庙宇，为集中地点，有的是固定了日子，如三六九之类。我前年到诸暨去，经过一个市镇，他们还是如此，逢着双日开市，各乡都把手工艺品运来出售。所以论理，这种市场以工商合作为原则，或者工即是商，商即是工。静安寺是都会的尾闾，自然要吸收时代的机制的工艺品，不单以

手工品为限了。不过我们细细地观察，可以发见许多很原始的东西，这就是进化过程中所遗留的痕迹了。

静安寺是上海的古迹，在越界筑路没有伸展到曹家渡一带以前，是一个郊外模样的去处，年来上海的市面，逐渐向西移动，静安寺附近也成为一个极热闹的区域。到了晚上，跳舞场，咖啡店，张着大喉咙，尽管把人吞进去，再把红眼睛绿眉毛般的霓虹灯，来把空间渲染得十分艳丽而有诱惑性。这里已完全把乡村的面目改装过了。谁知在这几天里，又像开什么历史展览会、文献展览会，把古董搬了出来，两两对照，煞是好看，倘然一个研究社会学的，到了这里，一定可以取得不少资料。

事情是很平凡的，但是也有一部分人以为是新奇的，我们当然是无所谓的，杂在人丛里走了一趟，然而我瞧瞧这川流不息的人丛，实在也没有几人是来物色东西的，并且有许多外国朋友，开了汽车而来，更不像是来采办什么手工艺品的。那么静安寺的热闹的形成，也是一种不可思议的缘故。烧香当然也是题中应有之义，尽管受过高等程度的教育，有科学的头脑，也会到静安寺里烧香的。但是赶集的原动，虽然凑着

浴佛节

浴佛节,而购买物品的人,却和烧香的人是不相连系的。所以浴佛只有一天,而市集却延长的。

(《机联会刊》1937年第166期)

早点心

"清早出门,要吃点心。街头罗列,热气腾腾。甜咸干湿,其味津津。价廉物美,招呼殷勤。塞饱肚皮,各奔前程。"

——仿小热昏调

在乡村里,早上起来,总是把隔夜剩下来的饭,在镬子里泡成了粥当点心的,真是轻而易举,惠而不费。在都市里,有的家里不用老妈子,没有人去泡粥;有的吃包饭,没有粥送来的;有的为了时间来不及上写字间或是办事地方,不能在住处从容地吃粥。这些人,都是向街头去买早点心的。因此上海比较热闹些的弄堂口,总有几个小摊卖早点心的,几个大工厂门口,也有的,至于小菜场,更是各色俱备,应有尽有,成了临时的平民食堂。

早点心自然以大饼、油条最为普通,其次是粢饭团、豆腐浆,这四种食品,价钱最便宜,花不到十个铜元,可以既饱且暖。而大饼、油条,又和粢饭团、

早点心

豆腐浆有连系。譬如粢饭团里夹油条，脂肪质和淀粉质，两相调剂，不至过于干燥。譬如用油条蘸着豆腐浆，软硬适中，更是别有风味。本来大饼卷着油条，美其名曰"龙吞虎"，我想粢饭团塞油条，不妨称为"金茎玉粒"；油条蘸豆腐浆，可称"龙取水"。至于大饼是中国面包，更可变化成各种吃法，像土司一般，里面夹着鸡鸭火腿，就是涂上白塔油或是梅酱，也成佳味，不过这种吃法已失掉了平民化的本色了。

其实点心摊也有取价不减于馆子的，如包子和

面是也。秋天的蟹黄包子，更当作时鲜食品，每客要三百文。面随着浇头的价值而异，贵的也得一毛钱以上。那么不如上馆子啦，这其间也有讲究，馆子不是到处都有的，并且上馆子，要花小账，至于点心摊，比较普遍些，他们的制作手段，也并不拙劣，所以宾至如归了。

在四川路一带，接近银行、洋行、交易所的地方，点心也受了欧化，摊上居然有面包、咖啡，价钱自然比咖啡店便宜得多，比火车站酒排间，要减去一半还不止。

说起早点心，便想着袁世凯了，有人见过他吃早点心，要十个大包子和一大碗面，真是兼人之量。在某个时期里，有人提倡过废止朝食，的确是可能的。因为对于朝食，本来有两种说法，一说是朝顿要吃得少，一说是朝顿要吃得饱。就是在生理上讲起来，两说也各有理由。主张前说的，以为我们的胃，经过一夜的休息以后，不能骤然把多量的食物去使它作剧烈的工作，所以多数是吃容易消化的流汁，粥便是最好的标准早点心了。主张后说的，以为我们的胃，一夜没有工作，全体的营养十分需要，非多吃一点，不能

早点心

得到健康,所以农人们朝上也要吃饭的,不吃饭就没有气力。依我的推想,两说都可通的,大概由于习惯者居多,只消调查各地人民对于朝食的物品,质量的不同,就可以证明是有传统性了。

但是像上海地方,倘然大家废止朝食,这数千万的点心摊将发生恐慌了。

至于有产阶级的早点心,牛奶已经算是平淡无奇了,胃好一点,吃燕窝粥,胃弱一点,吃白木耳。广

东店里的粥,和苏州一带的腊八粥一般,搀杂了许多荤腥东西,又是平常人所吃不惯的了。

(《机联会刊》1937年第167期)

端午节

"又是端阳景物新,枇杷角黍饷亲邻。儿童争买雄黄酒,妇髻玲珑插健人。"

——旧竹枝词

"依旧端阳景物新,还须过节请亲邻。儿童要喝广和水,游泳纷纷觅恋人。"

——新竹枝词

前一首竹枝词,是二十馀年前所作,我觉得和现在有些不同,所以依样葫芦,另外写了一首新竹枝词。不过游泳并不在端午节开始,也并不只热闹于这一天,随手拉凑,以见风气之变而已。

一年三节,端午最不重要,只是买些应时东西送亲友,自己大嚼一回。所以没有金融关系的人,过节是看得很平淡的。只有经营事业的人,到了节边,必须大转念头,要安排妥贴,才能稳度节关。端午节在商业习惯上,和中秋节是等量齐观的;其次是旧式商店的进退伙友,工场的进退工人,也在这一天解决的。

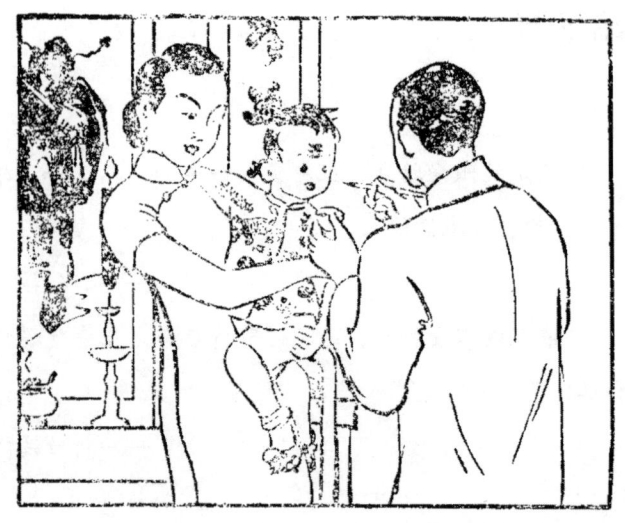

尽管说已用阳历,凡是下层阶级里,还是年当旧惯,不曾破除。譬如团体机关里,对于执役的犒赏,不能少。还有时常作成生意的茶馆浴室,对于侍役,也要节赏。所以我们薪水阶级里的人,到了节边,也有一笔特别开支的。

旧时节上有许多应时景物,是用意极深的,像端午节,实在是一个"夏令卫生运动节"。因为过了这个节,天气逐渐炎热,微生物的滋生逐渐加速,于是疾病就要应运而生了。所以民间的传说,端午节各种毒物都要出世了。艾虎蒲剑，是意义上除毒；苍术白芷，是实际上除毒。"除毒"两字恐怕人家不甚注意，还编成了许多故事来警惕，《白蛇传》的小说，就是以端午节毒物策动为中心的。这故事里面，还有佛教宣传作用，因此有人考据出来，是从印度传过来的。

的确，夏令是一个最可怕的季节，尤其是上海，人烟稠密，平时住处已经逼仄得很，光线空气都不充足，到了黄梅天气，潮湿更无从发泄，还加上臭虫蚊虫，强烈的侵略，万一不幸，发生了传染性的疾病，蔓延是很快的。即使小毛病，也要不得，住在上海的，大多数是薪给阶级，做一天有一天的钱，生了病，就不能做，还要花了钱请医服药，真是一人有病，合家不宁。所以在这个端午节，应当把卫生运动努力推行，对于饮食起居，处处留心。做主人主妇的，便须督率子女仆役，去做整齐清洁的工作。那些防疫的药品，也得酌量购办一点，送送乡邻，也是与人方便自己方便之道。至于迷信的话，不宜多向儿童们宣传，像钟馗捉鬼一类的事。

本来钟馗捉鬼，不是端午节的典故，唐朝是在大除夕的，不知道后来怎样拉到端午节的。还有内地，

到了端午节，尼姑庵里要送符来的，目的当然在几个钱，弹词《倭袍》里就有这回事。贴了一张符，可以免去疾病灾眚，天下哪有如此便宜的交易。

新嫁娘第一年，在端午节，要做虎面健人、花椒袋等小玩意，送亲戚，还有扇子、手帕、枇杷、梅子、角黍，这些孝敬，名为"节料"，实际毫无用处，积少成多，所费却已不赀。不过以前总是新嫁娘和女伴们自己做的，倒还有点意思，现在总是向花线店去买现成货，未免多此一举了。

（《机联会刊》1937年第168期）

苏广成衣铺

"佛靠金装,人靠衣装。

"只重衣衫不重人。

"身上穿着四两头,家里煨着火石榴。"

——谚语一束

不知道谁想出来,身上要穿着衣裳?为了这件事,使世界上的人们,大起忙头。我们只要看到上海成衣铺的多,就可以知道上海人对于衣服是相当考究了。

为什么成衣铺总是加着"苏广"两字呢?曾经有过一个笑话,一位初到上海的朋友,见到处的苏广成衣铺的招牌,不禁惊讶地说:"苏广成的市面真可以,分店竟如此的多。"其实这是有历史关系的。因为上海开埠以后,苏广两地的人到的最多,虽然宁绍帮也不在少数,可是衣服和苏帮差不多,并无独立性,而广帮却是别有风格,所以另有裁缝占着地位,甚至与苏帮裁缝分庭抗礼,于是成衣铺便以兼擅苏广两派为号召了。

苏广成衣铺

苏帮裁缝在以前是极有势力的,他们时常自出心裁,想出新花样来供献给考究衣服者,几个为社会所注目的人,穿了出来,便你仿我效,一时蔚成风气,因此"好装饰者裁缝匠之玩物"的一句西谚,也适用于中国。当时大概以妓家的衣服最为新奇,她们握着衣服制度的权威,规规矩矩的妇女们,也不以鱼目混珠为耻,情情愿愿和她们装成一般的模样。到了后来,妓家的思想落伍,不能随着时代前进,同时复有交际花、电影明星等等,她们的衣服更是日新月异而岁不

同,她们成了妇女装饰的典型,于是裁缝也非欧化不可了。因为她们的"时装"是受到欧化的影响,而不是苏帮、广帮所能操纵了,于是"时装"公司应运而生。虽然裁缝还是旧裁缝,而剪裁缝制,已非旧法所能支配了。聪明的裁缝,也知道适者生存的原理,他们急忙接受"时装"公司的新法,把一张尺寸账,加以改良,上摆、中摆、下摆分成好几个阶段,量起来一分、五厘都不随便,这么一努力,苏广成衣铺才不给时装公司打倒。但是新婚的礼服,宴会、舞会的夜服,还是不能使摩登姑娘们信任,总是作成时装公司居多。

广东的裁缝界,我不熟悉。苏州的裁缝界,我曾经加以调查过的,苏州城厢内外,裁缝店约有二千多家,平均每家有三个裁缝,每个裁缝三天之内做成衣服一件,那么一年之间,苏州就有七万二千件的新衣,还有不开店的,和招到家里去做的不在其内。上海我不知道,推想起来,只会增多不会减少的。

苏州的裁缝,多数是借着人家的墙门间住着,一来房金可以省些(有的不出钱的),二来房东和他们的亲戚乡邻朋友的生意,就成了基本收入。因为苏州的

苏广成衣铺

建筑，规模是很堂皇的，大概都有墙门间空置着，有了裁缝店，一来可以伴伴热闹，二来出入也谨慎些，所以有几家简直以裁缝为门房的。上海除掉城里有几家大户间或如此，以外都是独立门户，开销当然大一点。

近来布衣风行，而裁缝钱总是随着衣料的质地，和制作的工夫而分别价值高下的，布衣一件，能值多少钱，裁缝钱如何可以多开？因此他们的收入也大不

如前了。更兼大衣逐渐推广,皮衣逐渐减少,更是他们一个绝大打击呢。

(《机联会刊》1937年第169期)

电车广告

"现在有个好消息,要报告诸位:××公司出品×××,货色顶真,价钱便宜,各大公司,各大商店,都有得买,电车里卖卖牌子,做做广告,只卖到×分一包,一角买×包,比市面上便宜得多,诸位买去试试,送送朋友亲眷。"

——广告术语

这里所要说的,并非贴在电车厢里的纸广告,或是装在电车顶上的木广告,乃是挟着小学生常用的小皮箱,走上电车来,宣传新出品的活广告。

他们所宣传的,大都是日用品,如牙粉、牙刷、糖果之类,倘然是糖果,还预备着许多样品,小得像骰子般,用纸裹着,一粒一粒分送给车厢里的乘客,然后再滔滔不绝,像小学生背书般,说了一大套。那些乘客对他们的态度,可以分三种:一种是要事在身,哪里有闲情逸致来听他们的广告话,置诸不理,是最好的应付办法,连那一粒样品,也不去接受的,譬如

丢在衣兜里,或者竟故意转身向窗外去望望,让那粒样品滚向地下去。一种是注意于他们的广告话,而受到了宣传的效率了,除掉一句一句细细去听以外,还高兴接受他们的样品,而加以尝试,有时也会打动了搭便宜货的心,摸出钱来作成一笔小生意经的。一种是对于样品是怀疑的,绝对不敢去尝试,以为这种小便宜搭不得的,要合着俗语说的"便宜即是吃亏"的。这三种人,第一种最多,第二种最少,所以就我的观

电车广告

察,电车广告实在是收效甚微的。假使收效甚广的话,恐怕会多于乘客,或者为了广告人过多,甚至要争着优先发言权了。

这些广告人的口音,宁波居多,其次是本地,活动的地点,大概以经行浙江路一带的电车为多,因为这一带的电车,如六路、五路、七路等,都是从火车站开出,或是开向火车站去的。乘客也是正要到外埠去,或是刚从外埠来。他们对于上海的便宜货,还没有十分认识。有的确实想买些便宜货去送送亲戚朋友,广告人就利用他们这个心理,来投其所好了。

广告人的举动是很可笑的,匆匆而来,匆匆而去,说话的时候,又是一连串,真是热极而流,并且他的语法,好像有一定脚本的,总是这么一套。但是我觉得他们说话的技巧,还不及卖小报、夜报和隔年画报的报贩来得动听。有一回,我从东新桥到火车站,一个报贩大喊其"火车站出毛病"!试想正要到火车站,而得到这个消息,如何不动心。不知道火车站所出的毛病,如何程度?或者竟还不得家乡,岂非糟糕!所以就费掉三个铜子,买一张夜报来看看。岂知正面翻到反面,关于火车站的记载,一个字也没有,等到我

发觉上了一个小当,那报贩早已走下车去,我只好对着同样在注意火车站出毛病消息的乘客,作一个会心的微笑。

本来火车里也有这样广告人的,近来已绝迹了。据说,因了乘客注意他们的宣传,会给剪绺乘机活动的机会的。电车里当然也难免,无怪有许多老练的,对于这种广告人是不同情的,他们火烛小心地防卫身边的皮夹,绝对不肯因搭便宜而露白或至受到意外损失的。所以这种电车广告效率是非常渺茫的。

(《机联会刊》1937年第170期)

荐头店

"常熟阿妈原户头,荡口娘姨清水货。一齐走向荐头铺,排排坐着等主顾。张公馆,要奶妈。李公馆,要粗做。东飞伯劳西飞燕,各投树林各寻窠。毕竟上海出路多,莫怪都向上海走。"

——新乐府

荐头店在某个时期里,也摩登起来,称为"佣役介绍所"。但是哪里有荐头店那么热极而流,无论上中下三等,都能有此印象。实在这名词也不坏,国民政府的官阶,也有荐任职呢。

荐头店在各个城市里,都有的,当然随着住户的多少而多少。像上海地方,人口如此密集,荐头店怎么会少?试瞧北浙江路,差不多望衡对宇的。为了这地方离开火车站、轮船码头都近,那些娘姨大姐,师父相帮,从内地来,一寻就着。并且要开支节省的人家,总是住在北头居多。供的方面,求的方面,都在那里,便利得多。

荐头店

荐头以愈老愈好，老了有信用，虽然良莠不齐，你又没有甄别方法去分别出来，尽管老店，总有新主顾的，出了毛病，谁买你老牌子的账？但是毕竟叨些光，来货踊跃出货快，便是靠在这个"老"字上。

来货中间，以"原户头"销路最呆，因为上海人家都要用比较玲珑一点的，免掉前后门都缠不清楚，小菜场都寻不到。"原户头"初出茅庐，自然两眼墨赤黑，闹笑话还在其次，主人大受其累，也是在所难免。这一点和苏州不同，苏州人家倒喜欢"原户头"，取其

老实些,实在"原户头"不久就变为"老百脚"了。

荐头所得的荐头钱,是随着工钱比例计算的,苏州称为"上手钱,下手钱"。大概是各出一成,不过上手钱是大洋,下手钱是小洋。譬如讲定每月工钱五元,主家出大洋五角,佣役出小洋五角,以三个月为限。上海最大的要算奶妈了,要对合。譬如工钱五元,主家要出三元,佣役要出二元,只取一个月。倘然"写纸头",论定年月,要取半年咧。所以开荐头店,假使一帆风顺,真是利益无穷,单是送一个佣役到人家,合不合,先有两角送钱到手,这一笔钱,就够一足天的开支了!

我们早上走过,总见满屋子坐着人,女多男少,村多俏少,壮多老少,像乡镇上的礼拜堂一般,大家正襟危坐着,静待福音。等到我饭后再走过那里,却已阒无一人了。可知供者固多,求者亦不少。但是有一个疑问,这一屋里的人,刚从内地来的有多少?这是无须考查的,我们鉴貌辨色,可以知道不过占少数而已,那多数还是"老百脚",这家住厌了,要换换空气了。如是云云,每天掉头的多,就可以想见了。因此上海人总是说,上海不比内地,用人难得有三五年的,见异思迁,他们的心真不安定。实际上"江南望去

荐头店

江北好,到了江北喊懊恼",因此掉来掉去还是不满意。以前那些大户人家,常有鹤发鸡皮的老起家,要替小主人管家务的,现在是没有了。这是受着唯物主义的影响,主仆之间没有了情感,哪里能久居不去呢?

不上荐头店而由亲戚朋友转辗介绍的,为数也很可观,并且比较的容易见信于主人,这好比官场送条子了。

(《机联会刊》1937年第171期)

小皮匠

"皮匠皮里有阳秋,人事纷纭眼底留。小凤当年著说部,弄堂小史笔间收。"

——叶小凤著《弄堂小史》以小皮匠为主人翁

不论皮匠的年纪多么大,除掉已经于思于思以外,总可以称他一声小皮匠的。尤其是娘姨大姐借着上鞋子的名义,来和他瞎搭棚、避晨光的时候,从打情骂俏的口吻里,喊出"小皮匠"三个字来,格外有些旖旎风光。

其实小皮匠不过是一个强打上海白的江北佬,他也未必怎样会应酬,何以娘姨大姐趋之若鹜呢?我曾经细细分析一下,大约有下列几种因素。

一、娘姨大姐吃饱了主人家的白米饭以后,无事可做,住在亭子间里,未免闷气,有的主母太太花枝招展地到某公馆里去叉麻将了,更是天不收,地不管,还我自由之身,如何可以错过这种机会。便拿了一双破鞋子,去请小皮匠打桩子,花两三个铜板,可以和

小皮匠

他闲谈几十分钟,并且还有野景可看。就是给烧饭老婆子瞧见,非但河水不犯井水,并且师出有名。

二、小皮匠因了常有娘姨大姐光临,横竖只忙着两手,留出一张嘴,湾了舌头,瞎七搭八,问东话西来应对。于是五号是屠门,六号是烟霞洞,八号是荒田,七号是盘龙刘公馆,十三号是什么,十五号是什么,从多方面的报告,他就一搭括子收罗拢来,日积月累,不是洋洋乎大观么?于是这个来,讲那个,随意提供,措置裕如了。

三、小皮匠的担子,总是摆在弄堂口的,居交通

中枢,无论汽车包车,独行并走,都要经过他的面前,他已有了成竹在胸,只消一投眼,就可以心领神会,缘何而来,缘何而去,这样又添了许多现代史料,作他的报告文学的参考书和补充本了。

四、大概做皮匠的脾气是很好的,并且交游是很广的,连查街的巡捕,遇事生风的流氓,等电车的乘客,卖水果糖食的小贩,都高兴和他攀谈几句的。有时居然能够替烟纸店里的夫妻排难解纷,劝白相人嫂嫂小事化为无事的。

五、弄堂以内,果然都逃不过他的一双法眼。就是弄堂以外的形形色色,小皮匠也一览无遗。手里生活放不开,也有人采访了来报告给他听的。所以皮匠不离担,能知天下事,而消息之灵,不可思议,恐怕他比救火会得到火警电话还早几分钟。

六、谚云:"三个臭皮匠,合个诸葛亮。"虽然不知道三国时候是否已有皮匠,然而皮匠的智慧,为世人所信服,是于此可见了。小皮匠当然和臭皮匠不同,当然更有可以胜过之处。或者有时可以当作二分之一的诸葛亮,甚而至于和诸葛亮相等。我们只消问问闸北朋友,在"一·二八"之役,那些小皮匠的活跃,

小皮匠

就可以知道他们真称得乱世之英雄。

近来上海皮鞋风行,无论男女老少,都是在那求雨似的。皮鞋坏底,修理费极大,因此小皮匠的收入,大有起色。而皮匠担的规模,也大为改观,有的已形成了一爿活动皮鞋店,我想他们正是未来的皮鞋店老板呢。

(《机联会刊》1937 年第 172 期)

海上游尘

海上游尘

上海如美人,过眼即留影于脑,时欲一见,以为可餐秀色,如佩忘忧之草也。烟桥别上海经年矣,是更不可不作重来崔护矣。

从同里至苏州,有汽油船,驶行尚不迟缓,第轮机震动,颠人如病疟。某君云,如坐孕妇,未至苏州,恐欲包浆破矣。同舟有两媪,各手念珠,喃喃诵经不止,殆长途寂寞,聊以自遣欤,抑需菩萨助力快驶欤。

既抵金阊,轻车至火车站,候汽车自南京来,即附之以去。坐左有广东人,云自京华来,相谈甚得,出酒见饷,谢之。审视酒瓶,则三鞭壮阳酒也,大骇,此何可酬客耶?未便问究竟,岂南韶喜热性饮食料耶?

下车伊始,即逢旧雨,因同坐电车,至大新街,寓某旅馆,略坐,闻隔院歌声,不知何处教玉人也。出门,即见女子奇装束者二,一则发截如小草披茸,妃红衫子,露臂可尺许,又短及腰下,不逾两寸,自后视之,扑朔迷离,竟不能辨;一则裤离踵三寸,衣离

腕一尺，发挽钿螺髻两个，髻心五色，意谓国徽也，红袜白鞋，与弹词中所云，白袜红鞋、轻举步者适相反，是非服妖而何？

某烟店有三喜牌纸烟，形似三炮台，直可乱真，为南洋兄弟烟草公司出品，味亦和善，欲多买些，答云只有少许，因彼中为英美烟公司控告假冒，不能连售。其实货真价实，不必模仿他人，自可风行宇内。现以白纸小包，容二十支，上盖"暂代三喜"之印，惟出售亦不多也。

剧场中布景告白，有别字而极寻常者，亦可异也。如某新剧社之"晤言一室"，写作"悟言一室"；某舞台之"诸公请坐"，写作"诸公请座"。荒谬至此，岂无一人见及而更正之耶？贻笑大雅，令人齿冷，旧戏馆不足责，新剧社则难辞咎矣。

新世界建筑宏大，过楼外楼，游人甚众，云建筑费二十万元，每日开销须二百元。商店陈设，尚要言不繁，第最好纯粹国货，则名器尤重，供游览之敷设甚少，宜略置各种图画玩物（如凸凹镜种种游戏品），庶留得游人足也，惟爱情交换又添一支部矣。

晤某君，语余一骇闻云，某书局司事，收账二百馀元，过三洋泾桥，时在夜分，忽来两素不相识者，遮道要索，出利器恐吓。已而巡捕来问，来人云："渠欠余银，久不相值，今适相遇，故相索也。"司事急辨之，同捉将官里去。判云，各有不是，拘留一宿而去，来人以有利器，须取保释放。司事受二十四小时之苦，归告局长，急请律师起诉，彼人已不知去向矣，幸银洋尚完璧耳。归之日，有某同车，见查票者至，出四等票，云补三等，问其故，曰："车站中人，误以四等票给余。"余诘之，谓将开车，调恐不及矣。其实沪宁路三四等卖票不分两地，此人撒谎，意欲幸免查票便宜一半耳。

（《馀兴》1916 年第 18 期，署名烟桥）

渐渐的冷落了

现在的上海,可说是热闹已极,写意人以外,还添了不少逃难人,只恨租界的范围太小,一时又不能三层四层的加上去。要是内地兵连祸结,尽着不得太平,恐怕连小菜场也要做旅馆,真的把汽车马车改做活动的家了。

但是仔细一想,有盛必有衰,是中国的格言,将来的上海,说不定像现在苏州的青阳地一般,金碧楼台,剥蚀得像梦回的美人,脂粉狼藉,几树垂杨给西风惨拂,给夕阳残照,更添了荒凉滋味。这个意境,并不远离事实,只消依我几句话,上海就有些尴尬了。

最使人们留连忘返,便是许多娱乐的场所,而旅馆的供应完备,实在是最可恶的一件事。倘然上海的旅馆,比旧小说所说山东道上的黑店,还要危险,还要黑暗,旅人自然视为畏途了。退一步说,倘然上海的旅馆,要受极公正严厉的检查和取缔,不许吸鸦片烟,不许赌钱,不许宿娼,生意已经要清淡不少呢。现在到上海的,最肯花钱,而造成上海的繁华,便是

渐渐的冷落了

住在旅馆里的白相朋友,连老上海在家里玩得腻烦了,也要去开房间玩呢。他们来到上海以前,就预备了一笔钱,在上海挥洒,到了上海以后,总要超过预算,所以一个人每天至少要把一两块钱去装饰那上海,阔绰些,没有数目可以估计了。那些高大洋房,百货杂陈,到底供给白相朋友来作成要占大多数。门前灿灿的电灯,好似张开了馋眼,注意旅人的行囊,旋转的玻璃门,好似伸出了手,等候旅人的惠钞。试看南火车站北火车站,哪一次车儿到来,不是人头挤挤,除掉为了职业而来的以外,都归属白相朋友的一类了。这般川流不息地到上海,都是情愿把上海当做一个心爱的小老婆,情愿把辛苦挣来的钱,花在伊身上。这样地捧着,怎么不使上海粉装玉琢得格外可爱。

其次上海也像战地善后的清乡一般,那些失败的军阀政客,也像对付溃兵一般,不许逗留,电报信件都要检查,那些洋行里的买办,就少了一笔军火生意,从这上面连带而来的各种间接生意,也没有了。几次内争,哪一次不是和上海有关系的,只要这一群子捣乱分子,走头无路,上海就少了好主顾了,倘然因此能够减少内争,逃难的人也不能像现在的发达了。

或者说，上海所以成为现在的上海，只在黑沉沉的鸦片烟上面，全国瘾君子的需要，都仰仗上海扩大的进口，那些地方事业，也是鸦片烟的馀沥。要是鸦片烟当真绝迹不到上海，不要说中国人打翻饭碗厨，连外国人也要兜转船头，不肯再上吴淞口岸了。

还有一个法子，可以把上海的娱乐，弄得冰清大结。只消让无纪律的军队，驻扎在租界上，那些灰色动物在戏馆游戏场妓院影戏院，掉背游行，绝不禁止，那些谨慎的看客，就不敢光降，所有的只是些无产阶级，那么梅兰芳王凤卿也请不起，谁再不远而去上海听戏呢。不信试瞧大军云集的地方，哪一处还能够维持原状，便是胆大的，也要把军警优待处的招牌高高悬起，或者可以安顿些，要是待而不优，包管你好看，一刻搅闹得落花流水，那么花花世界不要鞠为茂草么。

虽是上海的热闹，不能一笔抹煞，说都是这些消极事业造成的，也有许多积极事业，撑起场面来，工艺制造也不在少数，这些生产分子，当然可以使上海热闹起来。不过我们深刻的下一句判断，倘然娱乐地方不能娱乐，消耗率就减少了，上海的表面，一定要暗淡得多，结果只有老实人为了事体而来，决没有白

渐渐的冷落了

相人为了写意而来了。

所以简单说一句,现在的上海,全靠着一张租界的护符,把一切腐败的种子遮庇着。人们只感激租界保障的恩惠,哪里知道罪恶便因保障而养成了。倘然揭去这覆盖,上海必定渐渐的冷落,或者不出我之所料,像现在的苏州青阳地呢。

(《新上海》1925第3期,署名烟桥)

里的公园

读者不要误会这"里的公园",题目来得诧异,不是和文,不是英语,却是一个理想的名词,上海人所渴望而不得的,事实上却很容易实现的。老老实实的解释,就是一个里的公共休憩娱乐的园,凡是住在这个里里的人,都可以到里的公园里休憩娱乐。因为大规模的公园,很费事。一来上海地方寸金寸地,有一块广大的地皮,要多少代价,过于远离市廛,住民又觉得不便。上海人别的慈善事业一千八百捐助,并不吝啬,独有这公园的筹款,却很困难,所以尽管有人提倡,有人鼓吹,却总难于成功。二来上海管领里的富户很多,时常在那里扩充收缩的改造,那些账房时常想加房钱,正好变变法子,包管你争我夺的来租赁,并且伸此缩彼,实际上一点没有出入,房东们和房客们,怎么想不到这个妙法呢。

依我的意见,一个里划出若干空地,规画一个简单的公园,种些容易长成的花木,像桃梅枫柳,开辟一个最低限度的运动场,能够拍拍网球,就是了。用一两个园丁,收拾整理。凡是住在本里的,只消拿一张特制的凭证,照了一照,就可以出入自由了。不是住在本里的,些微纳几个铜元的游资,略示限制。一切费用,可以加在房钱里面,不必另收。倘然里的房屋多,园的面积也可以比例增大;倘然里的房屋少,不妨和临近的里,商量一个合组的办法。

论起经济来,布置一个园,比建筑一幢房屋来得省,分派在房钱里,必不多。譬如本来造二十幢,如今只造十八幢,每幢的房钱至多加上十分之一,负担还不重,那些新家庭和喜欢清闲幽静的房客,自然不嫌贵的。至于大地主房屋多,格外可以周转。

论起利益来,在房客果然得到大部分,非但可以使孩子们有了一个适当的松动地方,不至到街上去闲逛,一来费钱,二来危险,三来污染恶习,四来身体也强健些。成人们也可以苏醒日间工作的疲劳,和邻舍有谈话的机会,交换智识在无意之中,游戏场的生意要受不少影响了。就是房东方面,也未尝无益,能够别出心裁,极合潮流,主顾必多,说不定把三四等地段,升到头二等去,真所谓与人方便,自己方便啊。

不过中国人受教育的少,公德心实在缺乏,在这

"里的公园"里,对于花木的保护,是第一要义,倘然也要这一个印度巡捕在那里,未免讨厌。可是有些房客,以为这个公园是在我们管领以下的,今天要戴花了,去摘了几枝。孩子们放了学,更是像猕猴般爬到树上去攀折,那么这公园,等不及绿叶成阴,早已成了童山濯濯了。还有随意涕吐和便溺,也是中国人的坏脾气,倘然大家放任,反而成了微生虫的制造厂。到了夏天,瓜皮满地,到了秋天,糖炒栗子壳、香蕉皮,红红绿绿画得好看,分明成了大垃圾箱。这样便大失本意了,所以应该想一个妥善的管理方法,或者派一个人专司其事,或者由房客雇定一个人,轮流当番,只要有利无弊,就是了。

现在闹着新村计画的人很多,但是新村要连交通一起盘算才是,否则尽你布置得好,却是每天要安步当车走这么六七里路,或是要三四角钱的车钱,那就不上算了。不如把已成之局,设法改善,来得切实,来得容易。

或者说,上海人心思尽管灵,计算尽管精,怎么总没有想出这个法子来,恐怕于事实上难做罢。我说,上海大地主只问每月有多少房钱可收,利息可以合几分钿，并不问怎样可以使房客满意，并且这营造的事务，都交给账房主办，他们唤到了作头，讲妥了价钱，只要便宜好看，就够了，哪里想得到这种异想天开的新生活呢。所以孙中山先生说的言难行易，实在是为这一般人说的。

（《新上海》1925年第4期，署名烟桥）

观前街上的上海人

在外国清明、外国冬至的前后一礼拜里,苏州的观前街上,要平添不少上海人。上海人到了苏州,别的没有什么希罕,只有阊门外小如培塿的一个虎丘,屋宇鳞比的一座留园,在游览上觉得比上海好,至少有几个打诗谜惯家,要哼着"故乡无此好湖山"呢。不过到了苏州的,倘然没有到观前街,回到上海,告诉朋友,一定要遭讥笑,以为是饭桶,所以他们无论如何,须得分出半天的功夫,预备白相观前街。但是观前街平淡无奇,哪里有什么白相的可能性,远不及护龙街有上下五千年纵横数万里的奇物,范庄前、因果巷有暗无天日的红木器具(因为怕日光晒坏,接连着搭盖凉棚,人行其下,真是暗无天日)和欧化的天赐庄,还有一些特殊的精神,所以他们只有在元妙观里兜一个圈子罢了。

元妙观也不及上海的城隍庙,不过文魁斋的梨膏糖和常州酒酿,却是别有风味的,这两样出品,很可以赚上海人几个钱。但是哪里及得几家糖食店的生意邪气，中间尤其是采芝斋，格外出人头地，有时柜台外围满了，坐柜上坐满了，还有人满之患，要立到街上来。马口铁瓶像江浙战争时候的炸弹一般多，那些主顾，东也拾一片嚼嚼，西也拿一粒尝尝，恨不得把店里的东西，有一样买一样去。从这点点事体上，可以推想上海人喜欢闲食了。

此外陆稿荐的酱肉、酱鸭，也是上海人所欢迎的，不过总不及糖食店的生意好，因为酱肉、酱鸭只有两样，并且装在黄篮里油脂油挞，怪肮脏的，他们宁可像吴山会里提线犯人，到无锡去检几篓油面筋到上海的。还有观正兴、老丹凤的面，虽也对上海人的胃口，到底五芳斋贵得有味，并且只能吃不能带，也是一件憾事。

上海人到了观前街，顿然黄包车也要涨起价来了，平时绝少主顾的驴子，也要来请教了，在拿出老上海面孔来和那些苦力争价时候，要引起街上来往人不少的注意。从苏州人眼光里看出来，上海人有一点特别的神气，尤其是青年男女，一种带些康白渡和学生的气息，一种有窑变的光景。这个批评，或者是错误的，但是苏州虽然和上海很近，苏州受上海化的地方也很

多，这两点不可思议的神气问题，却是相距还远。不信只要到观前街上去走一趟，在熙熙攘攘的人丛里，很容易寻出上海人来，不必听他们口音的。

（《新上海》1925年第4期，署名烟桥）

上海的旧

上海负着文明先进的使命,天天吸受新潮流、新空气,当然是日新又新,不必说了。所以别的地方说新,总不及上海的新得快,并且别的地方以为新,上海老早说是旧了。中间最显著的,要算妇女的装束了,别的地方总是随着上海而变迁的,这时间的相距,最快也要半年。因为风气这个东西,虽是传布得很快,不过从离开到到达,中间有不少的过程,没有交通利器,差不多要三五年才传到,怎么不新旧转换呢。

但是尽管新,终不能把旧完全淘汰,并且有些东西,比别的地方还要旧得厉害,如今罗列在下面,请自命为新上海的新人物,下一个转语来。

像北京、苏州的电话,都是用最新式的话机,只消把听筒拿下来,对话筒报了号数,不多时就有对方的应接声音了,这是何等便利,连无锡也换了。不料日新又新的上海,却还是要练习上肢运动,拚命地摇咧,并且上海电话局的接线生,似乎也比别的地方马虎,倘然不是哈啰生圈,一派胡言(胡言者,洋话也),

就不容易接话。这个习惯，改变起来，很不容易，不知有这么一天没有呢。最近正在闹风潮，可笑他们所定的价目，却是用规元做标准，试问两本位不是中国最古的币制么。

因此连带想到各洋行的商业习惯，大多数总是两本位的，在别的地方，老早废弃不用了。那些经济学者，时常想改造中国币制，主张辅币十进位，多么便利，对于两本位，当然反对，谁知上海还是要用十三归算盘六钱九分几的合算，奇也不奇。

说起上海的教育，更是奇异。最新的男女同学，用人体模特儿，最旧的却还是玳瑁边眼镜、木戒尺，门前贴起啥啥书塾，有几家写什么小学，却还是子曰店的老规矩。这种毫无价值的教育，怎样不给新教育家吐弃，然而也能够在簇新的上海生存，并且非常发达，这是什么道理。有许多内地失馆先生，到了上海，不上几年，居然大走红运。据说有几个新兴的公馆里，还是要觅那些老学究呢。

公馆这个名词，也是旧得像古董一样了。前清时代，听鼓辕门的候补老爷，租几椽屋，门上贴着啥公馆的红纸，倘然辕门挂了牌，老爷升迁，好教当差的容易认得。自从光复以后，候补老爷销声匿迹，公馆的起红纸，也长久不见了。可笑上海的遗老买办，并不候补，即都称公馆起来，堂哉皇哉的大书深刻还不多，可是翻开电话簿，那公馆就排云似的罗列着了。

一条南京路，谁也不说是上海的中心点，哪一家不是焕然一新，就是讲事业也都是新兴的居多。不料中间却嵌着一所陈腐旧套的虹庙，在二十世纪的新局面上，忽然加上一件初世纪的废物，好像一群新女子夹着一个老太婆，许多来路货中间放着一件古铜器，可笑不可笑呢。

在上海总算交通便利已达极点了，阔的坐汽车，快的坐电车，那呼么喝六的蓝呢小轿，当然归于淘汰之列了。可是实际上还是不对，我们在四五点钟以后，有时看见很平稳的抬过，顿然回想到十五年前的苏州乡绅，哪一个不是这个光景。但是上海的轿心子，却只有中国郎中（这个称呼是从俗，实在不通的）的一类，他们似乎非如此不足以表示岐黄嫡系，非此不足以表示保存国粹。

华界的警察，都是平天冠，寒呢暑布，和丘八差不多，租界上的中国巡捕，却用的纬帽。纬帽是前清

的礼帽，只有公差和仆役在丧事人家做事，戴的是没有顶没有缨的。不知怎样却给工部局采用了，到现在还没有换去，虽是实质有些不同，论起形式来，<u>丝毫无二</u>。

就是讲到上海人的游戏娱乐，也是渐渐有复古的趋势，像博局盛行挖花和同奇，酸丁闹着扶乩开沙，风头正健的诗谜，不是科举时代考寓门前贡院沿街的字条变相么。

住在内地的人，有一种怪异的心理，上海的旧，并不去批评它不是，或者颠倒说他有了新花样，怪好顽的，竭力去模仿他，所以上海无论怎样旧，还是揭着新的旗帜啊。

（《新上海》1925 年第 5 期，署名含凉）

内地的上海化

上海好似近水楼台,世界的新潮流,总比内地先受一刻儿,因此上海便成了内地企慕倾向的目标。凡是上海有一件什么较为新奇的事,内地总要尤而效之,这就是新名词唤做上海化了。

不过上海化也不是容易的,因为上海有上海的地位,有上海的环境,有上海的资格,内地没有这三条件,就欲化而不能了。所以有几件事,绝对不能化到内地去的。

像彩票,在上海不是可以堂哉皇哉标榜招徕的么,内地却只能偷偷掩掩,放在账桌抽屉里,或是青龙招牌的背后,倘然冒冒失失地走上来问:"阿有塘工券?"他们的眼光上认为有些尴尬,竟要回答:"我们不卖彩票的。"就是中了头彩,哪里敢点大蜡烛。现在第一军伤亡奖券的捷报,却放胆挂在店门口了,这也是奉天承运啊。

游戏场,内地很有几处有游戏场的,但是哪里及上海游戏场的营业好。第一件难事,那些租钱最大的

掷彩摊，内地很少，并且揩油的太多了。还有内地的公子哥儿，靠着乡绅的墙门，出入游戏场，还要花钱，不是冤桶，定是饭桶，那些戴平天冠的掉臂游行，更不必说了。

三日刊，上海的三日刊，比前几年的交易所还要多。这是一件轻而易举的事，内地并不是没有人才，实在为了没有资料，并不是真的没有资料，实在为了怕吃官司，内地的官司，不比会审公廨爽快，可以引经据典。（指鹿为马，混了过去，说不定警察厅一件公事，停版几天，那就糟糕了。）还有什么丸、什么机、什么香烟的广告，内地是绝无仅有的。倘然登了一些关于性欲问题的话，一定要受着绅士们"有关风化"的批评，或者向官厅方面说几句坏话，内地官厅的耳根，都是棉花做的。

诗谜，最近不是上海盛行诗谜么，诗谜实在出产在苏州的，科举时代，定慧寺前，纸灯板桌，不过文人末路的骗饭主义。到了上海，就规模宏大了，等到上海出风头，内地却还是很幼稚咧。说也奇怪，上海的诗谜给工部局禁止了，苏州倒公然无忌了。

绑票，上海的绑票，在临城案后，连绵不绝，大

内地的上海化

家也不当它什么一回事看待,新闻记者也把这类的新闻,排在"火警"、"汽车肇祸"之间了,但是内地却还觉得很惹注意。在这一年之间,苏州也发生了几件要钱不要命的事,不过并非有组织有系统的绑票式,含有拐诈一类的色彩,这也是上海化未能充分的一点。

私娼,私娼本来内地也不输上海,不过上海所谓"咸肉",却是一种特殊的勾当,内地也是受了上海化才有的。内地的咸肉,仍旧是不三不四的人家,为了生计所迫,投社会所好,干这等没廉耻的事。像上海有贵不可言的咸肉,充南式的咸肉,禁脔的咸肉,内地也就望尘莫及了。

此外,像"私立大学"、"影戏公司"等等,更是内地所难化的了。

(《新上海》1925年第6期,署名舍凉生)

恢复洋泾浜

上海的洋泾浜,在中国近世史上有多少关系,甚至上海的中下社会,流行一种混合式的世界语,称它"洋泾浜闲话",那么洋泾浜不是具有独立国家的精神了么。可是我们现在到上海,要想瞻仰瞻仰洋泾浜的风土人情,却是走遍夷场,了无痕迹了。因为昔日的洋泾浜,今日已换了爱多亚路了,这不是一件缺憾么。

最近为了五卅惨案,工人不合作,连最关重要的电气输送,也停止了。比电气更加重要的自来水,也岌岌可危。倘然真的合着水火既济的话,两种怪物,协约不供给,顿然使上海地面,大变色相,回复到三十年前光景了。所以有一般上海的住民,想须得在根本上谋个永久完全,那时便有人想起洋泾浜了,便有人主张恢复洋泾浜了。

恢复洋泾浜,就是把洋泾浜仍旧开做浜,虽不能比苏州河,可以樯帆历历,商船贾舶,都开近来,却也便利上海的住民不少。

一来不至有名无实,二来不怕自来水作梗,三来

恢复洋泾浜

还可以在洋泾浜的两岸,种植树木,装栏杆,设游椅,到了夏天,不是成了天然的避暑招凉的好去处,四来上海正缺少幽雅而清爽的休憩场所,一个半淞园,已经居为奇货,那阳沟也似的小溪,居然当它西子湖看待,一样瓜艇容与,自有清趣。倘然洋泾浜恢复了,水流清澈,加着两岸碧树红楼,可以比秦淮夜游了。就是工部局方面,也有些用处,到了紧要关头,可以把外国兵舰在水面游弋示威呢。

(《新上海》1925年第7期,署名烟桥)

大而无当

我要对宣传的人们说一句话，上海的中下社会，有许多闲话，必须改造。像公共租界，明明不是英国独租的，却称它英租界，或者为着英国的势力大，实际上由公共租成了英租，倒还有一点小理由。不过有些人，索性把英租界称做大英地界，那才是荒谬绝伦了。究竟是租户，不能就当他主人看待，还要把一个"大"字加上去，这个大就大而无当了。我们可以把别地方做一个反证，法租界也只称做法兰西地界（称法兰西地界也是不合的），并没有人称它大法地界，何以与英独厚呢。因此联带想到南京路为什么要称它大英大马路，红锡包香烟为什么要称它大英牌香烟，连做鞋子底的一块牛皮，不肯单纯叫它一声英皮，却要加二讨好称做大英皮。最不可解的一张工部局的派司，却要称做大英照会。我们主人家对着租户，如此马马虎虎地乱叫乱叫，莫怪他们要喧宾夺主了。所以宣传队对着中下社会，应该把这个大而无当的原因，说个透澈，好教他们觉悟失言，快些改口。我们苏州有一桩故事，很足以做一个谈助。在城北的狮子林，假山玲珑剔透，极擅盛名的。清朝的乾隆皇帝，下江南，要想到狮子林赏鉴赏鉴，当时狮子林隶属狮林寺的，狮林寺的住持，得了这个消息，手脚慌忙起来了，便和住在寺里读书的王秀才商量。王秀才说："这有什么难处，只消我来摆布，包你称旨。"住持连忙打恭奉托。王秀才便把狮子林和狮林寺，用粉墙儿划分为二，另立门户，中间布置修饰，由住持花钱，秀才用心。乾隆来了，王秀才接驾，应对进退，着实不差，看得乾隆非常高兴，援笔题了"真有趣"三字，一时以为异数。后来王秀才飞黄腾达，中状元，召见，乾隆忽然挂念狮子林，便问："园林无恙么？"王状元说："园林虽无恙，只是隔壁狮林寺的住持，却仗着护法的乡绅，屡次想侵夺过去。"乾隆非常震怒，便手谕江苏巡抚，出示保护，从此狮子林和狮林寺，永远母子暌离，不相联属了。

（《新上海》1925年第8期，署名含凉）

内地人对于上海的观感

总 论

上海是文明的总汇,不消说得,上海人对上海的观感怎样,我们没有做过上海人,当然不能赘一辞。内地人对上海,却有种种不同的观感,无论远至西藏、青海,也以一到上海为满足。胼手胝足的苦力,要是有机会给他们到上海,他们无有不欢天喜地的。因此每天从海道,从内河,从铁路上,到上海的人,几千几万,不是受了一点企羡的冲动么,那么上海可以比一个倾国倾城的尤物,没有人不对它表示好感的。如今把滚滚向上海流去的人们,分析开来,约莫有下列几种。

一、智识阶级

上海学校多,才材多,凡是倾向欧化学术的,都得到上海去读书。还有些学校,内地所不容易找到的,像美术学校有人体模特儿，大学有校外宿舍，给学者多少便利。这是求的方面，至于供的方面，也有一辈子内地立不稳，到上海去反得发展。因为上海口小喉咙大，各种人才有各种用处，尽是灰尘三百堆的老学究，也有人请教。那些什么里什么路，租一幢房子，贴几张招生广告，一年砚田收入，也是浇裹了。略习皮毛的，只要口舌伶俐，手脚敏捷，也可以做做小学教员，兼兼公司里的书记，只有不尴不尬的老实人，却很少位置。

那些书坊店，一年滑头书要出版多少，一时就地取材，恐怕供不应求，少不得要仰仗于从内地至上海的著作家了。他们的欲量，并不大，工作倒不至搭浆的，并且内地生活程度低，著作家的收获少，就是一本正经的著作，也是向内地采办来的价廉物美。不过上海的出版界，有时间性的，倘然不能应顺潮流，不免要落伍，倘然能够把一枝笔圆转如意，就不愁不成功夷场才子。

各公司，各洋行，各种大规模的商店、工厂，都要雇用些智识阶级人物，以备一格。但是大多数须得懂英语，才能到手大薪水，否则总是做三四等的伙计，

挣扎不出头来。可是内地人希望踏进这一类的门的，着意不在少数，每年从内地输送过去的，虽是不多，可是企求的何止十倍百倍，中间尤其是买办，为企求的中心，因为他们听惯看惯做买办的写意和可以发展，怎么不艳羡呢。

此外，像各机关的职员，不过是进账大一点，但是交际广，消耗也大，比较上企求的还不多。

二、劳动者

劳动者大概可以分做两类，一类是工人，一类是佣役。那些工人在内地无可发展，有几种工业，一个地方只有一处工厂，那么只得低首下心，受他们的压迫，要是转侧呻吟，连饭也没吃处了。上海就容易了，这家不合换那家，十分自由，毫无拘束。再进一步讲，艺术的程度，也可以因观摩而增进。还有一层，在上海工作，可以连带使妻子儿女都去赚些钱来，女有女工，童有童工，不管性命，只要铜钱，一家老少，都可以带到工场上去的。这就于生活上多得便利了，最是以歆动他们，使他们成群结队地前去，都是些故乡的先进。在上海地方的工人,都有一种地方性的组织,譬如香山帮、宁波帮、南京帮等等。试问为什么有帮,何从而有帮,要得这个解答,就可见先进汲引后进,是不可掩的事实。所以在上海做工的职业别组合,还不及地方别组合,来得团结而有精神。不过在上海工作的工人,第一要能力充足,因为多数是包工制的,倘然他有兼人的能力,就可以得到加倍的工资,但是因此也养成了骄恣的工头势力。

佣役的事务,和内地也差不多,不过工资却比内地大,所以无论哪一个佣役,在内地服务,听见了伙伴从上海来,或是到上海去,都要表示艳羡的态度出来。尤其是女性,意志薄弱,容易冲动,不过由艳羡而尝试的,却只有一部分年纪轻、生活好的人,伊们仗着时髦的装束,可以赚大钱,那些老丑,或是愚拙的,只能艳羡而不敢尝试了。佣役尤其有地方的关系,譬如女性的,总是苏州、无锡、扬州一带的占势力,荡口娘姨、扬州老妈子,成为专门名词,和江西人钉碗、句容人薙头、宁波匠人,一样在上海滩上占特殊地盘。因此内地未经雕琢的完人,每年因到上海而变化气质的数目,着实可惊,可惜没有精密的统计罢了。

就是内地人家,雇用女佣,也都受了上海的影响。还有一种具特别能力,在外国人家做事体的,像大菜司务、奶妈,格外赚得起钱。至于做妓院的下手或是打底,因此而进升到宠擅专房的姨太太,那是例外了。

此外,像交通机关的苦力,虽是时常要到内地来的,却和内地不生什么影响,因为他们的地方性,格外显著,不是常熟、无锡、宁波、浦东这几种地方出产的人,极难插足,所以内地人不十分注意的。

三、老和小

内地有两种人,对着上海有好感的。

一种是老年纪人,他们以为年纪渐渐的老了,将要走不动了,趁早到上海去一趟罢,就是年年去一趟,也没有多少趟好去了。他们带着儿媳、女婿、孙子、外孙一大淘,到上海,做一个大东道主,平时很节俭的,到此也慷慨而绝不吝啬了。他们经历多,一肚皮都是掌故,随处要发生今昔之感,所以觉得格外有兴味。况且上海的物质文明,可称日新月异,见惯内地质朴的模样,对着华丽而炫耀的装饰,怎么不震惊而

内地人对于上海的观感

爱慕。还有许多娱乐的游戏场,在上海人看起来,没有什么奥妙可观,但是从内地来的,却以为五花八门,最经济也没有了,花了两三角钱,可以玩这么大半天,真是何乐而不为。或者因着上海的物品多,到了临行的时候,总是大包小裹,满载而归,所以往往一趟上海的旅费,要抵当半年的家用呢。

一种是孩子们,也是喜欢到上海的,他们为着从来没有见过这般繁华景象,自然有兴会。单就车儿讲,已经有七八种,连名词也叫不出,没有人拖,没有马挽,也能够蠕蠕的行动,并且比人拖马挽来得快,怎么不使他们惊奇呢。况且孩子们的脑筋,很简单,多少总有些神魂的传统思想,对着这些《封神榜》、《西游记》上一类的东西,当然耐人寻味。还有许多可异的声音,也是以引起他们的注意。玩具咧,果饵咧,哪一样不比内地新奇变化。横竖他们有人做出钱施主,尽管放心,所以孩子们到了上海,再也不想回去的了。

常州人称小孩子做小老,无锡人称小孩子做老小,可见老和小是差不多的脾气。

(《新上海》1926年第9期,署名烟桥)

对于上海人的怀疑

我要问问上海人,为什么内地都企慕上海,上海有什么足以引动人的特点,这特点是进步,还是退步,是好处,还是坏处,恐怕一般上海人只能回答"繁华"两字罢。

繁华就是物质文明的表示,试问这物质文明,还是负贩来的呢,还是亲手自造的,恐怕一般上海人也只能摇摇头,长吁或短叹一声罢。

我每每瞧见一幢狭小的屋里,挤着两三家或是六七家的人口,不要说起居不舒服,就是要呼吸一点较干净的空气,也很困难,不知道上海人怎么不想些法子来,使住屋舒展一点呢。

我听见人说,在上海生活,免不掉两种费用,一种是车钱,一种是应酬费。这应酬费包括很大,其实也不出娱乐和饮食两端。实在人们有天赋的两条腿,尽管好走,为什么要代步呢,路远还有可原,譬如闸北到大马路,霞飞路到大世界,比我们住在城心里的人出城,要近得多,难道这一点路,就走不动了么。

对于上海人的怀疑

至于娱乐，也只好逢时逢节去消遣消遣，试想戏馆、影戏院、游戏场，天天开着，名角名片哪一天没有，倘然时常光驾，未免和精神经济太过不去了，就是礼拜六、礼拜日去一趟，一月也有八回，这消耗已经不在少数了。饮食比娱乐来得重要一点，因为有时候亲戚朋友从远道而来，或是有关系的人有怎样的举动，这酒肉征逐的事，是少不掉的。不过我瞧见有许多人在公司里、洋行里服务，到了午餐的时候，一定要上饭店，到了令节，总要呼朋唤友，哄上酒馆去。这些消耗，似乎可以省掉的，但是我真不懂，上海人却十居八九是不依我底话的。

大家都知道那些黑幕营业是可怕的，但是明知故犯的，依旧不会减少，不要说外路人冒冒失失要上当，就是老上海也是时常要走上前去，这是什么讲究？

有一部分上海人，喜欢搭便宜，搭便宜是普遍的天性，但是有一部分却以越不便宜为越好。我听着过一桩笑话，前年从外国运到一件绸来，起初照进价加上三四分钱，定了价目，好久没甚生意，看来要冷掉了。那经理先生想出一个法子来，把样货收进，隔了一个月，再拿出来，换上一个名目，把价目增加了一

倍以上,说也奇怪,就有许多人来问讯了。过了一礼拜,推说各国来电涨价,又把定价加上些,那时生意格外好了。不到一个月,早把那险些搁起的外国绸,卖一个干干净净。这笑话或者有一二分根据呢,奇怪的上海人啊,怎么有这样的脾气呢。

大家都说租界好,但是租界上除掉道路略为清洁整齐些以外,那里有一样比中国地界好,各种坏事体是租界上发生的多些。可以说一句肯定的话,就是租界做罪恶的逋逃薮,即如杀人越货的案件,内地比上海少,上海的中国地界还比租界少,这是不可掩的事实。我时常听得人们说,某事只好在租界上做,某事幸亏在租界上做,某事不能不在租界上做。所说某事在内地都认为坏事的,譬如彩票啊,私娼啊,卖雅片烟啦,以及其他种种。试问这样的租界,还算比中国地界好么,但是上海人的观察和心理,恐怕不如我所说罢。

(《新上海》1926年第10期,署名含凉)

广告中的上海

我们天天看那上海的报纸，除掉新闻和别种作品以外，全是广告的地域了。有许多广告，永远在固定地位的，像戏馆、影戏院等等；有许多广告，做得十分动人的，像药品、香烟等等。并且我们看了广告的趋势，可以料想事业的盛衰，譬如前几年的交易所，每天总要占去一版以上的公告，后来逐渐减少，到现在真是难得见了。最近影戏公司的广告和画报，也热闹过好一回。画报出版以后，便用不着广告，所以自生自灭，还没有人注意。独是影戏却已经有些江河日下之忧了，虽是还此几家时常有出品露布，可是中间不幸短命的公司，也不少了。我们不必踏到上海去，或是听上海朋友的谈话，就可以知道大概了。

但是我们对于广告的内容，至少要像从前苏州蔡舒元帽子一般，打上一个八折九扣，否则未免要大上厥当，我举几个例子给旧上海人参考参考。

有一天，我到上海爱文义路，去找一家书局，那书局在报上登起广告来，总是有着一全版，春夏秋冬

四季大廉价,所列的书目,在一千种左右,倘然我们预先猜起来,至少有两开间的店面,还要几间栈房哩,因为不如此不足以容纳啊。记知我们问来问去,经了好多时候,才见一条衖堂里,撑出一块招牌来,上面写着"××书局",叩了一回门,里面走出一个茶房而兼伙计模样的人来,问明了来意,请进去到厢房间里坐着,露墙一排,都是书架,上面装满了书,就是那广告上说的洋装几厚册的什么《全书》、什么《大观》、什么《要览》,估算起来,至多不过二三千本,不过六七种。倘然照着广告,一种种都要买来,恐怕要劳着茶房兼伙计的人,出好几趟后门呢。至于发行、编辑、会计,一手经理,是不销说了。后来还发见那××书局的宝眷,也住在书局的里面,规模和杂货店一般,面积比水果摊还小些。还有一回,去找一个××公司,也是费了好多时候才找着,原来在江西路上一家洋房的二层楼上,差不多像苏州中等人家的客厅一半的大,除掉一只写字台、一口宁波橱、一架打字机、几把交椅以外,没有什么了,但是那广告上却写得铺张扬厉,无论什么东西,都有。记得那回我去买十罗铅笔,那经理而兼买办的,大模大样地回答道:"今天晚上送到旅馆里来罢。"我仔细四面一瞧,那里有什么铅笔的影踪,只有写字台上,却有一两枝用去一半以上的铅笔罢了。后来果然有人送铅笔来,我问:"你公司里的生意如何?"那人道:"公司里一切生意都要做的,单是铅笔一项,每年要做六七十万呢。"我吓得咋舌,心想他嘴上的广告比纸上的广告还要厉害。

其馀像什么大学、什么编译社、什么制药公司,那些广告,差不多天天有几则的。我们到了上海,见那衖堂口长长短短的招牌,比庙里的匾幡还多,但是走进去看看,往往三上三下的一家,倒有四五个机关呢,不知道教室在哪里,编译员的宿舍在哪里,药料储藏在哪里。精密观察一下,不过瞧见些晒在天井里的衣服,堆在墙角里的杂物,还有九腔十八调的讲话,笑啼的儿女声罢了。

所以我套着"尽信书不如无书"的话,肯定地说,尽说广告不如无广告,虽是广告中间尽多可靠,但是至少十之五六,靠广告吃饭呢(吃广告饭和靠广告吃饭有别,读者不要误会)。

(《新上海》1926年第11期,署名含凉)

海天一瞥

薄游海上，莒狂索"新妇女号"点缀，不才未尝置身脂粉队中，与今兹所谓社会交际之花，又绝无邂逅，涉世既浅，论人必瞽，何敢有所雌黄。惟海天徜徉，略有所触，夜阑车驰如雷声中，聊写数言以寄之，我倦欲眼，不克多述，谨足补白而已。

女子剪发，成一挽近算小不小算大不大之问题，海上虽时有所见，然多数仍事膏泽，吴中女学间亦颇多流行，殊弗及其考究。有蒙以丝网，似较束以钿梳者为熨贴，因不加约束，则随风披拂，有若流苏，与比丘尼何殊。

际兹春暮夏初，女子之衣益见轻盈，惟有数辈，尚围以狐皮，或披以斗篷者，此海上特殊装饰也。西方美人甚至有衣大衣者，几与隆冬相似。某君言，出门如此怯寒，入门往往袒裼裸裎者。海上女子生活之奇，殊不可思议。

有少数商店，以女子为伙友，以招徕顾客，然营业亦未见其盛。吾闻京中一五一公司，有专为女伙友而不嫌其物价之昂，源源往购者，似海上女伙友无此魔力也。

游戏场均有裸舞，无不满座，盖内地无此眼福，故趋之若鹜。然默察观众心理，殆在裸而不在舞，即设置此等游艺之主意，亦以新奇耸动社会耳。顾所罗置，绝少佳丽，有腕肿如肥耙者，有老丑如鸠盘荼者，所谓曲线美者何在，殊不可解。

电影女明星，为海上一新妇女之新生活，固矣。在内地人以臆度之，震其衣食起居之奢华绮丽，必有多少欣羡之观感，然一叩其实，有令人太息不置者。盖彼等所获之酬报，虽较现在新妇女职业为丰，而其消耗乃大足诧异，数衣之值，占其主演一剧之酬之半，其他脂粉膏沐所需称是，而周旋于卡尔登、安乐宫、一品香诸地，又煞费心力，精神上亦难得长时间之宁贴也。

南京路上，百货公司与绸缎布匹之号林立，皆张其减价放盘之旗帜。每至四时以后，海上新妇女，皆争妍斗媚以趋，仿佛以此为一种俱乐部，其他游艺饮食，均弗及其吸引力之巨，则知海上新妇女，固终日

在装饰中生活耳。虽然，何独海上，吴中固亦有二千馀家之裁缝店也。

（《红玫瑰》1926年第2卷第27期，署名烟桥）

沪西沪北之壮游

劳圃引出薤露园

余以逸梅记劳圃风物清嘉,函约卓呆于星期日访之,卓呆覆书谓可先游薤露园,一视其爱女孟素女士之墓,当来相就,驾车偕行。至日,晨起未久,卓呆已手花一束至,与之循极斯非而路而东,将于云飞唤摩托车也。

看香客买鲜花

不知是何因缘,静安寺前有明月车二十馀乘,各坐妇女二三,黄布之袋,佩于胸次。余借看香客之由,折至静安寺右一花肆,亦购鲜花数束,卓呆致客气力阻,已粲然盈余握矣。

虹桥路可称林荫路

大西路,终林荫路,始两侧植大榆树,交枝如盖,方叶其柔荑,映人眉宇皆碧,余曰:"若是者,方合称林荫路耳。"路外阡陌间,菜花黄,豆花紫,烂熳可观,蛰居闹市者,乌知此间之乐,别有天地耶。

具见匠心各运灵思

孟素女士之墓,植玉兰、海棠、蔷薇,惜非花时,而四周苍松翠柏与红杏碧桃相错,亦不寂寞矣。石碣之顶,立白石安琪儿,其下嵌磁像,神采栩栩如生,云是从意大利制东,历八个月之久。守墓人接花插瓶中,置墓前,卓呆呆立若干秒,知斯时重温其"创痕"之酸辛矣。余乃乱以他语,与之历行墓道,审视种种不同之规画,具见匠心之各运。惟题碣皆庄重而绝无新意,惟一碣锓佛偈二十字,较为别致耳。

上下数千年

来时曾约云飞,越一小时复来,载吾侪去,而卓呆之表拨快一点钟,期以十时半,吾侪出园只九时半耳,距所期甚久,度不可耐,乃易明月车,经法华而返静安寺。车经石子街,颠簸如按摩,笑语声颤,又似疟疾。余曰:"来时之摩托与此时之明月,其间历史之远距,亦可惊矣,吾侪今日可谓上下数千年。"

凭轼而观兵

既抵静安寺,谋易登电车至沪北,久久弗至,云是英兵今日会操于跑马厅,人众塞途,车以阻滞,乃改乘公共汽车。过静安寺,即见大队整装而来,车守嘱司机人缓缓而行,于是吾侪得凭轼而观。苏格兰乐队悠扬悲壮,卓呆曰:"仿佛大出丧之小堂名。"沿途观者蚁屯,有专车相竢于途次者,以西方女子为尤众,纷红骇绿,更使赳赳者生色。

惊鸿一瞥之协和会

舍公共汽车而易以人力车，过六三园时，见旭日之旗飞舞天空，而木履儿纷至沓来，军乐越墙而出。卓呆辨声，识是日本之海军乐，而协和会之旗帜，撑出丛树，方知此中有盛事，惜不得一观其狂欢耳。

桃始华

劳圃春到较迟，故洒金桃花正在怒放，不若龙华道上只有人面之红。圃植珍珠米几半，而蔬果之属，亦逾十种，阶前两桑树，枝屈曲如须，着叶嫩绿，云称龙柳，蓬莱山上物也。

不淘而逃

三间之屋，既垲且爽，中客室题"逃斋"，萧蜕公所书，卓呆初定曰"淘斋"，意谓受上海之淘汰而来江湾，蜕公以卓呆非时代落伍者，此来所以逃尘嚣而适清静，故为易题，亦趣事也。右书室，悬孟素女士像，题"我家之天仙",而其慈母剑我女士所题之"怀素室"三字,与之相对。左卧室,不设床,仿日本之铺,而近于关外之坑。昔唐玄宗以长枕大被,置花萼楼上,覆其昆季,不知亦作如是观否?

不可思议功德

剑我女士拥衾而卧,病已经年,近始渐见痊可。卓呆云:"得力于三数基督女教士之祈祷。"剑我女士云:"祈祷后之手,如有奇热,着体舒服,霍然若无病者。往时闻儿曹笑语,即觉生厌,今女教士向之喃喃唪诵,历数十分钟,而不嫌其扰,且似有一种不可思议之功力。"诚哉,其不可思议矣。

火车掠窗而过

饭后复长谈久久,思附火车归,卓呆视表,谓尚早,不意语甫毕而东来之火车,已掠窗而过,乃相与大笑而出。抵江湾站,而火车远去无踪矣。适汽车揽

客甚殷,即与卓呆告别而登。综此一日,自沪西以达沪北,易车凡四,历程迨数十里,得非壮游乎。

(《紫罗兰》1928年第3卷第4期,署名范烟桥)

天堂欤地狱欤

风尚与时俱易,昔之所重,今之所轻,故素以天堂艳称之苏州与杭州,今已为后起之秀之上海所夺矣。然上海与苏州、杭州,相差异处,或不尽可以天堂相许耳,抑且使众生颠倒,以正眼法藏观察之,将目为地狱也。去年大除夕,与客辟室逆旅,假是以为长夜之手谭。其下有舞室,乐声靡靡,回肠荡气,偶凭槛俯视,隐约见舞女蛴首微倾,酥胸欲贴,移步以应节奏,如梦初醒,如酒半酣,诚如白傅之咏太真,所谓"侍儿扶起娇无力"。斯时沉醉于此胡天胡帝之可怜之夜者,无不希望大除夕之永永垂其黑幕。故天色黎明,而乐声加密,舞态加浪,几欲尽此片刻,以遂其狂欲之快乐。噫,岂真快乐欤!曾经沧海而诞登彼岸者,或能不讥余之矫情,而知此言之非违心也。

舶来电影,俱炫舞场之淫佚,鲜有寓警惕之意者。盖惟知投人所好,以博巨利,不顾其他。今民众公司摄《如此天堂》,其本事即写舞场之为堕落之窟,欲使人知如此天堂,乃地狱变相也,其意深,其心苦,然

而观此影者，能否领会作者之宗旨，此又一疑问也。余故就所见者，揭其一二，为观影者告。世间自有真正之天堂在，真正之天堂，决不如此，如此天堂，惟上海有之。青年其猛省，勿以为是乃真正之天堂，而乐而忘返耳，语有之"晏安酖毒"，可以为如此天堂之榜檠也。

（《如此天堂特刊》1931年特刊，署名范烟桥）

徽州馆与广东馆

上海的菜馆，起初是徽州馆最占势力，到了民国十六年，国民革命军北伐，忽地广东馆突为上海人所喜，或者因为那时广东人在上海骤然增加数量，上海人又是一窝蜂的，见广东人都到广东馆去了，便学时髦也舍此就彼。并且喜新厌旧，也是人之常情，吃惯了徽州馆的菜，偶然换换广东的菜，在口味上也觉得新鲜些。还有一点，广东馆的座位，比较的干净些，舒服些，食具也精良些，一方面徽州馆还是墨守旧章，不知改革，便相形见绌了。平心而论，广东馆的菜，确是有几种特具佳味的。食在广州的话，并非过甚于词。徽州馆的菜，总是这几套玩意儿，难得有新奇的。在这个年头，无论什么事，都有一点时间性的，上海人所谓"潮"。当时徽州馆有过一回"鸭馄饨潮"，也曾风行一时，现在早归销沉了。讲到鸭馄饨，朱竹垞有一句诗说着过的。但是据李莼客《越缦堂日记》说，鸭馄饨就是苏州人所称的"喜蛋"，是一种孵育没有成熟的鸭蛋，馄饨是混沌的谐声，并不像徽州馆所制的，

把馄饨和鸭同煮一器的意思。内地除了本地风光的菜馆以外,还是徽州馆居多数,广州馆并不多,说不定将来也要转变呢。像首都广州馆已有了地位,不过还没有上海的盛况而已。

(《时事汇报》1934年第3期,署名烟桥)

北窗下

"高卧北窗下,无异羲皇上人。"

这是五柳先生"归去来兮"以后消夏时的得意语。我住的亭子间虽然也有北窗,可是坐在那里,只觉得骄阳咄咄逼人,就是偷得浮生片刻闲,打一个中觉,既没有薰风入户,又没有绿阴蔽牖,醒来时,汗流浃背,一切烦恼又兜上心来。哪里比得上五柳先生的舒适,更够不上羲皇上人。不过五柳先生的乐天委命,在今日之下,不期然而然的会使我有着同样的心情的。

在弄堂里,陆离光怪,万象包罗,要是有着江文通的生花之笔,倒可以写成许多面相的。可惜我既非江郎,早已才尽,辜负了眼前很好的题材,从来没有描画过一个字。偶然想到以前享过了一些荫下之福,在夏天总是科头跣足憩坐芭蕉庭院里,看看架上的家藏旧籍。开了收音机,听听十鸽乱盘的播音。从井里拉起沉浸了半天的西瓜,剖着大啖。在种种回忆里,觉得已如隔世,不知道此生还能重温旧梦否?那末现在所处的五浊恶世里的生活,也应当记些下来,作一

种对照啊。

自从闹煤荒以后,上海人的燃料,兼取木材了,聪明的看弄堂人,就合了股,到四乡去收买杂树,把长的截成短的,粗的劈成细的,一天到晚,伐木丁丁,好像住在深山里了。有时供不应求,他们在黄昏时分,还在工作。我忙了整天,正想就寝,却给那沉重、枯燥、单调的伐木声,震得头昏脑胀,哪里睡得着。古人说"万物静观皆自得",这话我不甚相信。那些杂树在茁生的地方,长着绿叶,参差地点缀在山丘上或是田野间,固然有可爱之处。可是给人倒了下来,成了一段一段的,好像四肢都截去了,只剩光杆的身体,尽管静观,哪里会自得。并且从听觉上说,那笨重的铁器,着落在顽强的木料上面,所发出的声音,可说是天地间最丑恶而惹人憎厌了。堆得比人还高的许多杂树,变成很整齐的"捆",一担一担挑出去,顿时四大皆空,不禁合十念阿弥陀佛。但是隔不到半天,又源源而来了。天下有伐不完的杂树,上海就有用不完的燃料,他们也是有着做不完的工作,赚不完的利益,而在我却有受不完的烦恼了。

裨贩者叫卖声,是一般弄堂里普遍可以听到的,并且从朝晨的"《新闻报》、《老申报》"前奏以后,一直要若断若续到子夜的"五香茶叶蛋"、"方糕茯苓糕"为止。有许多好像鸟兽好音之过耳,漠然无动于中。其间最使我不能不有动于中的,是"杜米要哦?"近来米价已到"万关",卖米声忽然沉寂起来了。难道大家都到有儋石之储么?还是都在辟谷么?还是已经直接到郊外去采办么?还是阮囊羞涩,只好望米兴叹么?我想上面所猜测的,都有可能性,尤其是最后的一个猜测最普遍。像我就是属于这一种人,明知米袋里一天少一天,不久就有箪瓢屡空的危险。明知没有接济,大家挨不过的。明知在最短期间米价不会下降的,明知黄浦是跳不下去的。但是有什么方法可以点铁成金呢?所以听到了"杜米要哦"的叫卖声,心上总是怦怦地动,好像静止的池面,突然有顽童把石子投来,"冬"的一响,使池边安坐的人吓得跳起来。要想问问价钱,觉得太无聊,就是进了万关,还得九千多,试问有多少财力?够买多少米?望屠门而大嚼,虽不得肉,聊且快意。如今听卖米而张着馋眼,只有空咽酸泪的分儿了。

从窗口望出去,平坦的柏油路横躺着,上面有各

种大小不同的轮子辗过,时间,精神,心血,随着轮子转去。我作种种比较,动着轮子的苦力、车夫,似乎不及我安逸,可是他们倒可以解决了果腹的问题。我还是相形见绌,自愧不如。靠着轮子的辗动而努力于功利主义的自私者,我更没有他们或她们的才干、能耐。我惟有羡慕与嫉妒交织而成愤懑。有许多人来往都是安步当车的,有的很安闲舒泰,有的很匆忙急促,但是我想决不是无事而好动,而我静坐在这里,似乎比他们或她们,好整以暇些。苏东坡说:"无事此静坐,一日如两日。"一日当作一日过,已经很苦闷了,怎经得起,一日要当作两日过呢?

在平日,到了晚上,各家的孩子们放了学,都到弄堂里踢皮球,拍羽毛球,穿跑冰鞋赛跑,滚弹子,唱流行歌曲,闹成一片,把弄堂改作运动场,已成了上海的普遍现象。虽然感到空气的不宁静,也有些憎厌,但是想到孩子们活泼的天性,没有正当的场地,给他们或她们去逗欲,在这一点最低限度的空隙,作为螺狮壳里的道场,也是应当寄与同情的了。我正恨不能年光倒流,回到童时,和他们或她们一起玩去。所以我看见苹果似的面颊上,淌着黄豆大的汗珠,体念到他们或她们身心上的愉快；看见棍棒似的小腿上一朵朵红药水涂着的血花，佩服他们或她们的勇敢。我情愿给他们或她们闹得我文思断乱，一点不恨。我还喜欢听到稚嫩而天真的呐喊，并且他们和她们从友情的结合，而作友谊的竞赛，胜固可喜，败亦欣然，更值得爱敬的小团体生活。

"山雨欲来风满楼"，这里没有山，只好把夏云当作山，因为"夏云多奇峰"啊。我们乡间有着两句"占候"语："夏雨北风生，无雨也风凉。"那么一旦油然作云，沛然下雨，在逼处北窗下的我，自然是心安理得了。虽然前面还有着等大等高的房屋，所能让未雨之前的阵头风吹过来的，只有不到一丈阔的空间，风来了，处处阻挡，处处留难，吹到我北窗下已经打了一个很大的折扣了。但是知足不辱，毕竟还是起一个阵，多少添了些凉意。不仅把盘踞在空间的热气赶散，而且连弄堂里随喜的人群也赶散了，望出去好像天地也宽展了许多。我坐着听那瑟瑟的雨声，仿佛一滴一滴，落在心腔里，忘记了在炎夏，似乎已到了新秋。这难得遭逢的顷刻之间，我是暂时离开了尘网。

(《万象》1944年第4卷第2期，署名舍凉)

上海行

我是乡下人,以前难得到上海,记得处女行是在民国二年的正月,到铁道协会投考南京的民国大学。明年的八月,我在一个小市集上当小学教师,那位校长赵省身先生,时常听到他的从北京大学回来的公子汉威兄说起北京的四大名旦,尤其称扬梅兰芳博士的演戏艺术。这时候梅博士到了上海天蟾舞台,省身先生从《时报》上见到戏目,便喜不自胜约我去观光一番。我对于戏剧虽然一窍不通,但是这位数一数二的名角,失之交臂,未免可惜。因此表示同意,就在决定后一天动身。

午前趁轮船到苏州,赶到火车站,当天只有四等车还没有过,计算到上海,还来得及看当夜的戏,便不惜纡尊降贵,费了四毛钱,挤入麇集着短衣群的车厢里去。当然已无虚座,只好借着衣包物袋,暂时坐坐。到了上海,定了旅馆,吃饱了肚皮,就到天蟾舞台,戏票好像一元两毛钱。那夜有王凤卿的《文昭关》,唱得并不怎样卖力。梅博士唱的是《宇宙锋》,

我听不出唱词，省身先生是懂得一些剧情的，经他的约略讲述以后，才知道这是一出有唱有做的好戏。唱的部分，既宛转，又圆润，记得白乐天的《琵琶行》，有"间关莺语花底滑，幽咽泉声水下难"的两句，把它来形容比拟，最切合没有了。做的部分，有时笑，有时哭，有时苦，有时怒，种种情感、心理，表现得恰到好处。有许多人没有注意戏目上有"代演《装疯》"字样，在未上金殿以前，纷纷离座，我们当时也没有注意，但是为了"人间难得几回闻"，一定要听到他唱完最后的一个字，方肯还去。所以瞧见第一排上已有空位，两人便走过去补了缺。这时候梅博士唱得更够味，做得更可爱，在假装的疯态里，流露出哀怨的情绪来，借着疯病而尽其嬉笑怒骂之致。好像画龙点睛，在这最后的一场，方是最精彩的神来之笔。我们在他"临去秋波那一转"时，欣然而返旅馆。

为了那天是礼拜六，要不荒教务，非得礼拜天还去不可。我们已经尝鼎一脔，不妨像王子猷剡溪访戴，乘兴而来，兴尽而返。这一回计算食宿舟车所费和戏资，花不到十块钱，最经济没有了。我还写了一篇十足外行的剧评，寄给包天笑先生，登在《时报》的

"馀兴"栏,得到有正书局书券一元五毛钱,比省身先生多一点"回力"。后来有人编"梅兰芳"专集,把这剧评转载过去,更是得意,现在想想真是幼稚得可笑。

屈指一算,乘四等车做"梅迷"的故事,距今已隔三十年,我是头重齿豁,已非张绪当年。想不到梅博士和我同庚,去年中秋在榕园的千龄宴上会见他,虽然嘴唇上多了一撮小胡须,可是还有着白皙的皮肤和漆黑的头发,好像他并没有度过风云变幻的三十年,我想假使他再鼓馀勇,重演《宇宙锋》,还不至完全失掉三十年前的风韵呢。

(《万象》1944年第4卷第3期,署名烟桥)

晨曦与夜色

一路有轨电车经过外白渡桥的时候,晨曦下与夜色中,各具妙境。苏州河的尾闾,和黄浦江的中枢,在桥下交流着黄澄澄地,也分不出是泾是渭,是清是浊。桥以内,舟楫鳞次栉比,帆樯林立,都在那里期待着满载而归。阳光照射到水面,闪闪作金黄色,宛如千百螣蛇在游泳。扬帆鼓枻而东,令人意兴俱远。朝气蓬勃,于此发轫,看到往来桥上的劳心者、劳力者,都是从温暖的家庭中出来,到工作的地方去,构成全市一切事业的原动力。那么每一个都可以骄傲,不是社会之蠹。然而到了晚上,重经此桥,夜色苍茫,骤然显出黯淡来,黄浦江岸楼阁参差,电炬如列星,和江船的灯火相映,形成一幅难以描绘的画面。许多劳心者、劳力者又从工作的地方走回他们的归宿处,以取得休息。我想这时候或许反不及工作时的专心致志,忘乎一切。因为都要接触到生活的重压,感觉一日所营营扰扰的,没有一点可以安慰的收获。余曾经在七年前,为了失掉了"良民证",在北车站受阻,登

在"难民车"上,被送到这桥边,当时愤懑和惊恐杂拌在心头,现在却能从容缓闲,坐在车厢里游目骋怀,也得怡然自得,庆幸如获更生了。因此在一个暮雨潇潇的晚上,立在外滩等电车,冷风吹得几乎战栗,深恨它姗姗其来迟。一转念到以前的处境,就心安理得无所躁急了。

(《吉普》1945年第4期,署名含凉)

虹口两月记

虹口在上海，一向成为神秘之区的，一般人的印象，总是以为虹口是日本居留民的势力圈。的确，在沦陷时，假使有人说住在虹口，一定会引起听者的怀疑，以为落水了。可是现在有许多人都想到虹口去居住，因为人口的密度，远不如苏州河以南各地。我也为了一种佛家所谓缘法，在虹口住了两个月。毕竟嫌它太偏僻，往来不便，尤其是夜间十时后，一路电车不再行驶，倘然雇车，为数惊人。有好几次，朋友请我吃酒，所花的车钱，差不多是自己惠钞酒钱。因此总是常常看手表，好像要人，应酬多，不能畅叙幽情。我住的是狄思威路的东口，距离电车站还近，趁车倒并不拥挤。左右前后都是日侨所居，走出门来，满目是臂上缠着白布的日侨。他们的生活，似乎还不十分苦，而以前趾高气傲的可憎面目，却收敛起来了。后面的施高塔路有着许多地摊，一家旧货店卖日本旧货，价钱很贵，一方新坑端砚要五千元，谁做崇明人呢。先我而居住在这屋子里的是日本警官，所以电话、煤

气灶，应有尽有。屋前一片空地，还留着防空壕。在我临走时，有几个日侨来把里面的竹杆木头折去当燃料，房东派来看守的人，并不阻止他，大约也是息事宁人起见。前面一带短墙，绝无安全保障，我家在迁入的第三天，就给人拿了晾着的衣袴去。我也为此担心，或许有比这个更大的不测事件，虽然警察局相去不过十数家，恐怕远水救不得近火。至于邻舍仅隔一篱，而且篱的年纪很大，竹头已枯，不禁轻轻地一拉。东面更不成其为篱，三夹板、铁栏杆、破门、杂树，七拼八凑，陆离光怪，实在小孩子都跳得过的。因此空地上种着茄子，竟为高邻所垂青，不得我们的同意，竟来采摘了几个去。有几家养着狗，到了夜里，吠声如豹，不知道有无警卫之效？阳光是充足的，空气是新鲜的，不过逢到夜雨潇潇之候，一灯惨淡，四围岑寂，淙淙檐漏，更添凄清，颇有荒村况味，住惯市中心的人未免有苍茫之感呢。听说日侨陆续在撤离，然而想借一枝之栖，却很困难，大概都给捷足者先得，而所谓捷足者，总是有着背景的，所谓背景者，莫名其妙了。就是我所以能享受两个月较为宽舒的居住，也有着莫名其妙的背景。其实北四川路正空着许多店铺,至今还留着讨厌的招牌,如住友、日比野、内山之类,怎么没有人去接管?否则这些店铺的上层,都可以作为住家的。我本来还想住下去,实在纠纷太多,只好搬场了。

(《新上海周报》1945年第1期,署名含凉)

吴淞江与苏州河

上海人只知道苏州河,不知道苏州河是吴淞江流入上海的一段,而且是上海开埠以后才有这个名词的,可以说是国际间的名词。商务印书馆编印的《中国地名大辞典》说:"吴淞江,太湖支流之最大者也。一名笠泽,一名松陵江,亦名松江,又名吴江,俗名苏州河,自湖东北流,经吴江、吴县、昆山、青浦、松江、嘉定、上海,合黄浦江入海。"却是大错而特错。照地理学上说,太湖是许多河流的汇纳之区,只能说吴淞江是太湖所吞纳的水流之一,不能说是太湖的支流。至于笠泽是指太湖而言,松陵是指吴江县治而言,吴松江并没有这个别名,在宋时从吴江到松江的一段称松江,不是把整个的吴淞江都称松江。《左传·襄公十六年》:"越子伐吴,吴子御之松陵,夹水而陈。"也是说吴江县治。《扬州记》:"太湖一名笠泽,一名洞庭。"湖南的洞庭搬了场,否则也是把吴县的洞庭山张冠李戴了,可知古人对于地理学太模糊了。可是吴淞江流域,是东南最肥沃的地带,可以说"尽东南之美"。而苏州河更是吴淞江的精华的片段，上海和内地的交通，水路就以此为孔道。看到苏州河里船舶鳞次栉比，成为上海的大动脉，苏州河两岸，堆栈林立，所以吴淞江为苏州河所掩，甚至数典忘祖了。幸亏吴淞口，没有改称为苏州河口，可以顾名思义，知道渊源所自，须知外白渡桥，正是吴淞江与黄浦江合流的地方，这一点常识，或许上海人还没有呢。

（《吴淞江》1946年创刊号，署名含凉）

上海是什么

上海是什么？曾经被外国朋友称为"冒险者的乐园"。这称谓倒是既新颖而又幽默的。现在还有这种身份地位与资格，所不同者新陈代谢，一朝天子一朝臣，换了主角，换了班底与场面而已。我们中国朋友替它题了好几个雅号，"孤岛"是指抗战期的上海而言，意思是说与四周绝缘了。"歹土"是太平洋战事未爆发以前的上海，沦陷以后，那些敌伪势力所及的地区，有一种天高皇帝远、人少畜生多的现象。外国报纸创此雅号，中国报纸也就从而歹土之。而在大后方却称上海为"瘤"，这也是很贴切的，虽然觉得累坠，又不便割弃它。胜利以后，和其他各沦陷区，一般被称为"收复区"了，在不算不长的八个多月里，所看到的，所听到的，似乎只做到一个"收"字，那下面一个"复"字，还没有做到。所谓复员，只是从天下、地下、江面来的是复了，留在上海手脚较快的复了，其他都投闲置散成了万劫不复。不知道还要经过若干时期，方能复元？不过我在怀疑，复的是怎样的元？假

上海是什么

使还是复那冒险家的乐园的元,那就糟了。我的理想,上海最好成为"样子间",人才集中,经济集中,在这里做出一点是以为各地仿效的事工,好像陈列在橱窗里的货品一样。一向上海得风气之先,并且不转移各地风气的力量,那么上海要力争上游,必须自己肃正,树兹风声。所以百馀年来因特殊关系而发生的病态,必须竭力消除它,而注射以新的血液。以前记载上海新闻的老调常有"万国观瞻所系"的话,我们应当把"样子间"刮垢磨光,使它耳目一新。在此整饰市容之际,我想说这几句话。

写于整饰市容之前

(《海涛》1946年创刊号,署名含凉)

雾上海

上海难得有雾,尤其是春天,更不容易有雾。但是前天,忽然成了雾上海。立在外滩,浦东已消失在雾里,一点也看不出。黄浦江上的船舶,只有一星星的灯火像给轻绡裹住了,昏黄而黯淡。大厦连云,正成了海市蜃楼。假使从翱翔于天空的飞机上看下来,不知道是何景象?古人说如堕五里雾中,现在我们也是如此,虽然自己心灵上还明白,辨别得出东南西北,不至像苍蝇钻进了纸窗洞里,只好乱碰乱撞。不过,假使把眼光放大一点,都是到处有雾,难得清明,单就苏北而言,已经使我们莫名其妙了。俗语说:"江南打喷嚏,江北雨迷迷。"颇有此种感想。究竟是怎么一回事,有待于旁观的实地调查了。不过实地调查并非难事,倒是能不能客观的报道,颇成问题。和上海距离还不十分远,已经如此,还讲什么东九省了。因此我觉得整个的中国在雾里,雾上海不过是缩影而已。

(《海燕》1946年第8期,署名含凉)

雨中新景

俗语说:"呆大皇帝独头天,晴半年,落半年。"在事实上,决没有晴半年落半年的,否则前者成为空前的旱荒,后者成为绝后的水灾了。可是老天的确有些措置失宜,为什么不把晴雨分配平均一点呢。譬如过去的一两个月,难得落雨,却是学校放寒假,偏偏在开学以后,连绵春雨,而且落得很不爽快,自朝至暮,只是迷迷濛濛地,像阿胡子打喷嚏。何不并在一天,像夏天的阵头雨,下一个畅,雨过天晴,行所无事。就在这种恶作剧的天气,瞥见形形色色,大略统计,没有御雨之具的占多数,御雨之具以雨衣占多数。前天学生游行,坤范女学的一队十分之九有雨衣的。在车站排队候车的,也是穿雨衣的多于撑伞的,见得上海人如何喜欢雨衣了。一天有人到某雨衣公司买雨衣,见一家老小各买一件,计有七件之多。还要替三轮车夫买,可是他们没有。这一笔雨衣费,是够买二十担食米。普通的薪水阶级差不多要一年不天亮。

出无车的朋友,当然最成困苦,对着有车阶级,

少不得由妒生恨，尤是那些目空一切、旁若无人的汽车，开近身边，泥浆四溅，不能不退避半舍。没有公用车可乘的地方，就是不惜牺牲，想雇街车，那些车夫的面目可憎，语言无味，真教人气破肚皮。

"风大一半，雨落全无。"不仅是浮摊如此，连商店也同有此感。据说出版物受到的影响最大，至少要七折八扣，所以上海人最怕落雨。记得三十多年前，有人在《时报》的"馀兴"，做过山歌，每一首的起句，是"礼拜六落雨不应该"。其实何止礼拜六不应落雨，假使就上海人的主观说起来，无论哪一天，都得晴好的。

在平常日子，虽然有许多人走起路来匆匆忙忙，大多数却是雅步从容的，只有雨天，每一个人都是匆匆如丧家之犬，急急如漏网之鱼。在坐人力车里，雨丝风片，乘隙而入，戴眼镜的，好似蒙上了一层纱，欲藏头而不得，虽缩颈亦无补，真是最苦闷的遭逢。

冷天落雨，比较奇观还少，要是到了夏天，又是鹅掌大的阵头雨，那些没有未雨绸缪的人，狼狈的情景，真是难以笔墨形容的。倘然是摩登女郎，一定引起行人的注目，会忘记自己也成了落汤鸡？

落了雨,道路的好坏,就显然有了分别,贫富的阶级,也完全暴露其差异。倒是孩子们快活,有水漂可蹚,实在也是都市里枯燥无味,孩子们只能在这时候,有一点难得的游戏。

(《新上海周报》1946年第12期,署名含凉)

图书在版编目（CIP）数据

街头碎弦 / 范烟桥著；王稼句整理. -- 北京：华文出版社，2024.7

ISBN 978-7-5075-5966-8

Ⅰ.①街… Ⅱ.①范…②王… Ⅲ.①风俗习惯史—上海 Ⅳ.①K892.451

中国国家版本馆CIP数据核字（2024）第111125号

街头碎弦

著　　者：	范烟桥
整　　理：	王稼句
策　　划：	胡　子
责任编辑：	寇　宁
出版发行：	华文出版社
地　　址：	北京市西城区广外大街305号8区2号楼
邮政编码：	100055
网　　址：	http://www.hwcbs.cn
电　　话：	总编室 010-58336239　责任编辑 010-58336195
	发行部 010-58336267
经　　销：	新华书店
印　　刷：	三河市航远印刷有限公司
开　　本：	787mm×1092mm　1/32
印　　张：	6.25
字　　数：	88千字
版　　次：	2024年7月第1版
印　　次：	2024年7月第1次印刷
标准书号：	ISBN 978-7-5075-5966-8
定　　价：	48.00元

版权所有，侵权必究